Weichen stellen im Pfarrgemeinderat

Klaus Roos

Weichen stellen im Pfarrgemeinderat

Ein Leitfaden zur Gemeindeentwicklung

Matthias-Grünewald-Verlag

Der Matthias-Grünewald-Verlag ist Mitglied
der Verlagsgruppe engagement

Bibliografische Information Der Deutschen Bibliothek
Die Deutsche Bibliothek verzeichnet diese Publikation in der Deutschen Nationalbibliografie; detaillierte bibliografische Daten sind im Internet über http://dnb.ddb.de abrufbar.

www.gruenewaldverlag.de

Umschlag: Paul Enste, Creative time, Mainz
Gesamtherstellung: Matthias-Grünewald-Verlag, Ostfildern
ISBN-10: 3-7867-2591-8
ISBN-13: 978-3-7867-2591-6

Inhalt

TEIL III. AKZENTE SETZEN

VORWORT

Wer liest dieses Buch? Für wen könnte es von Interesse sein, wer hat einen Nutzen davon?
Als Autor habe ich ein bestimmtes Bild möglicher Leserinnen und Leser im Kopf: Ich denke zuerst an Pfarrgemeinderäte, die sich fundiert und sachkundig mit ihrer Aufgabe auseinandersetzen wollen, die nach den Grundlagen ihres Engagements in der Kirche fragen und Anregungen suchen für die Gestaltung des Gemeindelebens, für das sie mitverantwortlich sind.
Auch die vielen anderen Ehrenamtlichen habe ich im Blick, die in Verbänden, Gruppen und Gremien der Pfarrgemeinde mitarbeiten. Was sie bewegt, hat mit ihrem Glauben zu tun, mit ihrer Lebensgeschichte, ihrem Bild von Kirche. Dieses Buch kann ihnen eine erste Grundorientierung vermitteln: Wozu ist die Kirche da? Welchen Auftrag hat sie in unserer Zeit, und welche Strukturen braucht sie, um diesen Auftrag zu erfüllen? Wie kann Gemeindeentwicklung angeregt und gesteuert werden? Wohin soll Gemeinde sich entwickeln? Welche Bedingungen braucht es dafür? Was sind die theologischen und spirituellen Wurzeln? Das sind nur einige der Fragen, die aufgegriffen werden.
Dieses Buch dient der Vertiefung, der Reflexion unserer Praxis in Kirche und Gemeinden. Aber es gibt auch Anregungen, zeigt Wege, eröffnet Perspektiven. Es will kompetent machen für den Dienst in Kirche und Pfarrei – besonders natürlich im Pfarrgemeinderat.
Damit ist es auch für Seelsorgerinnen und Seelsorger interessant, die hauptberuflich einen pastoralen Dienst ausüben. Für sie ist es eine Kurzfassung gemeindetheologischer und organisationstheoretischer Grundeinsichten, die in der Ausbildung ausführlich zur Sprache kamen, hier aber in praktischer Zuspitzung auf den Punkt gebracht werden.
Wer schreibt dieses Buch? Was hat er mit dem Thema zu tun? Was qualifiziert ihn dafür? So werden Sie als Leserinnen und Leser möglicherweise fragen.

Das Thema „Pfarrgemeinde" und „Pfarrgemeinderat" begleitet mich seit mehr als 35 Jahren. Seit die ersten Pfarrgemeinderäte 1968 fast überall in Deutschland eingerichtet wurden, waren gerade zwei Jahre vergangen, als ich als „Nachrücker" für den Jugendvertreter unserer Pfarrei PGR-Mitglied wurde. 17 Jahre war ich damals alt und habe die Entwicklung von Anfang an mitverfolgen können. Neun Jahre später, in der Ausbildung zum Pastoralassistenten, konnte ich dann erleben, wie die Mitgliedschaft im Pfarrgemeinderat „von der anderen Seite", von jener der Hauptberuflichen nämlich, aussieht und empfunden wird. Noch einmal erweitert wurde mein Bild, als ich anschließend mehr als sechs Jahre lang Gelegenheit hatte, mich als Assistent am Lehrstuhl für Pastoraltheologie der Universität Würzburg vertieft mit Fragen der Gemeindepastoral und der christlich-kirchlichen Praxis auseinanderzusetzen.
Erneut änderte sich der Blickwinkel, als ich später in der kirchlichen Erwachsenenbildung und pastoralen Fortbildung ein Konzept für die Pfarrgemeinderatsfortbildung in unserer Diözese entwickelte und erprobte. Die Inhalte habe ich in einem Buch veröffentlicht: Damit Gemeinde lebt. Ein Grundkurs für die Arbeit im Pfarrgemeinderat, Matthias-Grünewald-Verlag, Mainz 1990, 2. Aufl. 1991.
Mehr als 15 Jahre sind seither vergangen. Inzwischen bin ich vor allem in der Fortbildung hauptberuflicher kirchlicher Mitarbeiterinnen und Mitarbeiter tätig und arbeite als Gemeinde- und Organisationsberater und in der Pastoralsupervision. Doch das Thema „Pfarrgemeinderat" hat mich nie losgelassen. Deshalb lege ich hier weitere Erfahrungen und Impulse vor. Dabei kann ich an Arbeiten anknüpfen, die ich in den vergangenen Jahren in der Zeitschrift „Praxis in der Gemeinde" des Matthias-Grünewald-Verlags veröffentlicht habe.
Dass Gemeinde bei allen Umbrüchen und neuen Kirchenstrukturen kein überholtes und absterbendes Gebilde ist, davon bin ich überzeugt, solange noch Frauen und Männer hauptberuflich oder ehrenamtlich ihre Zeit, ihre Kraft und ihr Herz in ihre Gestaltung einbringen. Es kommt darauf an, im Pfarrgemeinderat die Weichen zu stellen, damit Gemeinde lebt.

Klaus Roos

TEIL I: HINTERGRÜNDE VERSTEHEN

Wer sich im Pfarrgemeinderat, in einem kirchlichen Verband oder in einem der zahlreichen Aufgabenfelder einer Pfarrgemeinde engagiert, lernt schnell, was zu tun ist: wie man eine Sitzung leitet, ein Pfarrfest organisiert, eine Fußwallfahrt plant. Vieles ist eingespielt, läuft schon immer so oder ergibt sich einfach, wenn man mit gesundem Menschenverstand an die Dinge herangeht. Dazu gibt es immer einige, die den Ton angeben, die wissen, wo es lang geht, die sagen, was Sache ist.

So gesehen wären in einem Buch wie diesem vor allem praktische Anregungen gefragt: Tipps, wie die Arbeit von Sachausschüssen effektiver gestaltet werden kann, Hinweise zur Konfliktregelung bei Streitigkeiten, Anleitungen zu einer besseren Öffentlichkeitsarbeit oder zur termingerechten Durchführung von Projekten.

In der Tat sollen Hilfen für die konkrete Praxis gegeben werden. Das kann aber nicht allein durch Handlungsanleitungen geschehen. Davon gibt es genug. Um richtig handeln zu können, muss ich zuerst verstehen, worum es überhaupt geht. Ich muss die Hintergründe kennen, die Zusammenhänge, die Grundlagen. In der Personalentwicklung großer Betriebe ist diese Erkenntnis schon lange richtungweisend: Gute Mitarbeiterinnen und Mitarbeiter müssen nicht nur das Know-how ihrer Tätigkeiten beherrschen, sie müssen auch die „Unternehmensphilosophie" kennen, um sich eigenverantwortlich und kreativ für die Ziele einsetzen zu können, denen die Firma dient.

Als Autor dieses Buches unterstelle ich Ihnen, den Leserinnen und Lesern, dass Sie mehr wissen wollen als das, was in der Satzung Ihres Pfarrgemeinderats oder Ihres Verbandes steht. Dass Sie Ihr Engagement in der Kirche tiefer verstehen, besser begründen und klarer ausrichten wollen. Deshalb mute ich Ihnen im ersten Teil ein Stück kompakter Theologie zu. Ohne Theorie bleibt unsere Praxis blind. Wenn wir nicht reflektieren, was wir tun, können wir unser Handeln nicht steuern.

Im Theologiestudium wird das, was ich am Anfang als „Schnellkurs" zusammenfasse, „Ekklesiologie" genannt: Lehre von der Kirche. Hier kommt die „Unternehmensphilosophie" zum Vorschein, die kirchlichem Handeln zugrunde liegt. Oder in der Kirchensprache ausgedrückt: Hier wird der Geist sichtbar, aus dem und in dem wir in der Kirche leben und handeln. Mit diesem Geist möchte ich Sie in Berührung bringen. Denn er ist es, der seit 2000 Jahren die Kirche bewegt.

1. „Kirchenfunktionäre" oder „Mitarbeiter Gottes"?

Wir sprechen von „Ehrenamtlichen" und denken dabei an Pfarrgemeinderäte und Lektorinnen, an Kommunionhelferinnen und Kirchenpfleger, an Gruppenmütter in der Kommunion- und Firmkatechese, Kirchenchor und Caritassammlerinnen, an Besuchsdienst und Kirchenputz, an Seniorenarbeit und Frauenbund. Im Umgang mit all diesen Menschen, im Alltagsbetrieb einer Gemeinde wird leicht vergessen, dass die Aufgabe, die sie erfüllen, in der Bibel mit einem großen Wort in Verbindung gebracht wird: mit dem Wort „Berufung".

Die Berufungsgeschichte der Bibel schlechthin handelt von Abraham. „Zieh weg aus deinem Land, von deiner Verwandtschaft und aus deinem Vaterhaus in das Land, das ich dir zeigen werde." So lautet der Ruf, der an Abraham ergeht (Gen 12,1). Und Abraham bricht auf: schon 75 Jahre alt, ohne festes Ziel, ohne klaren Weg, aber mit einer Verheißung. Dieses Vertrauen, diese Bereitschaft zum Wagnis waren es, die Abraham für Juden und Christen zum „Vater des Glaubens" werden ließen. Mit ihm beginnt gewissermaßen die Berufung und Sammlung des Gottesvolkes.

Ehrenamtliche Mitarbeit in der Gemeinde, in der Kirche, im Volk Gottes hat etwas mit einer solchen Berufung zu tun – auch wenn sie nicht immer eine völlige Neuorientierung bedeutet wie bei Abraham, auch wenn den Berufenen selbst ihre Berufung gar nicht ausdrücklich bewusst ist. Wer sich im Pfarrgemeinderat engagiert, wer im Auftrag der Pfarrgemeinde Kranke besucht, Kommunion austeilt oder die Außenanlagen der Kirche pflegt, nimmt ehrenamtlich eine bestimmte Aufgabe wahr. Aus dem Blickwinkel der Bibel aber sind sie Gottes Mitarbeiter" (1 Kor 3,9), „lebendige Steine zu einem geistigen Haus ..., zu einer heiligen Priesterschaft" (1 Petr 2,3). Eine andere große Berufungsgeschichte der Bibel handelt von Mose. Im brennenden Dornbusch offenbart sich ihm Gott als „Jahwe – Ich-bin-da". Und er gibt ihm einen Auftrag: „Und jetzt geh! Ich sende dich zum Pharao. Führe mein Volk, die Israeliten, aus Ägypten heraus!" (Ex 3,10). Der Berufene zögert: „Aber bitte, Herr, ich bin keiner, der gut reden kann ... Mein Mund und meine Zunge sind nämlich schwerfällig ... Aber bitte, Herr, schick doch einen andern!" (Ex 4,10f.13). Doch Gott lässt nicht locker: „Ich bin mit deinem Mund und weise dich an, was du reden sollst." Und über diese Zusage hinaus stellt er ihm seinen Bruder Aaron zur Seite. Zu zweit sollen sie den Auftrag erfüllen: eine frühe Form von Teamarbeit sozusagen.

Die Mitarbeiter, die Gott beruft, sind oft keine Helden. Sie schrecken zurück und haben Angst vor dem, was auf sie zukommt. „Weh mir, ich bin verloren", ruft der Prophet Jesaja bei seiner Berufung aus. „Denn ich bin ein Mann mit unreinen Lippen und lebe mitten in einem Volk mit unreinen Lippen ..." (Jes 6,5). Jeremia versucht es mit dem Argument: „Ich bin ja noch so jung" (Jer 1,6), und Sara meint, sie sei schon zu alt (Gen 18,13).

Gott hat es nicht leicht mit seinen Mitarbeiterinnen und Mitarbeitern: Der große König David stiftet einen Mord an, um seinen Ehebruch mit Batseba zu vertuschen (2 Sam 11); Petrus verleugnet den Herrn, und Paulus verfolgt die Christen, bevor er sich bekehrt.

Das bedeutet: Wenn wir über unsere ehrenamtlichen Mitarbeiterinnen und Mitarbeiter nachdenken, sehen wir sie nicht nur unter dem Blickwinkel von Organisation und Delegation, von Motivation und Kooperation und wie all die Stichworte moderner Personalführung lauten. In der Perspektive des Glaubens sehen wir sie auch als Menschen, mit denen Gott einen Weg geht, als Angehörige des Gottesvolkes, die einer Berufung folgen und eine Sendung erfüllen, als Mitarbeiterinnen und Mitarbeiter Gottes, für die das Pauluswort zutrifft, dass sich die Kraft Gottes gerade in ihrer Schwäche und Unzulänglichkeit erweisen kann (vgl. 1 Kor 1,26–31; 2 Kor 12,9f).

2. Wozu ist die Kirche da?

Die Frage ist nahe liegend. Wer zur Kirche gehört, sich für sie interessiert oder wer gar hauptberuflich oder ehrenamtlich in ihr arbeitet, will natürlich wissen: Wozu ist die Kirche da? Aus soziologischer Perspektive ist die Kirche ein religiöses Dienstleistungsunternehmen. Theologisch gesehen ist sie „ekklesia", das von Gott herausgerufene und zusammengeführte Volk. Doch die Frage bleibt: Worin besteht die religiöse Dienstleistung? Wozu und wohin ist das Volk zusammengerufen? Was ist sein Auftrag, seine Sendung? Was ist der Zweck der Organisation „Kirche"?

„Wir halten den Himmel offen." Dieser bekannte Werbeslogan der deutschen Lufthansa wäre auf den ersten Blick auch ein gutes Leitwort für die Kirche. Nicht umsonst hat der Verband katholischer Religionslehrerinnen und Religionslehrer an berufsbildenden Schulen (VKR) dieses Motto in sein neues Logo übernommen. Demnach ist das unser Auftrag als Kirche: den Himmel offen zu halten. Dazu gibt es uns: Sichtbar zu machen, dass die Welt kein geschlossenes System ist, dass es hinter und unter der Oberfläche der Dinge mehr gibt, als wir von außen sehen, dass die Wirklichkeit, in der wir leben, in einem Geheimnis gründet, das wir „Gott" nennen. Den Himmel offen halten, das heißt Anwalt der Transzendenz sein; dafür eintreten und bezeugen, dass es mitten in der Sinnlosigkeit einen Sinn gibt, mitten in der Hoffnungslosigkeit eine Hoffnung; daran glauben, dass der Tod nicht das letzte Wort hat und dass Gott größer ist als unser Herz (1 Joh 3,20). Seit Platon in seinem berühmten Höhlengleichnis den Menschen als in der Höhle Gefesselten beschrieben hat, der mit dem Blick zur Wand nur die Schatten der wahren Dinge sieht, seitdem fragen die Menschen über das Vordergründige hinaus, suchen hinter den Erscheinungen das Wesen, tasten nach dem Unbegreiflichen, in dem alle Wirklichkeit gründet und das alle Wirklichkeit umfasst.

„Wir halten den Himmel offen" – so gut der Slogan auch für die Kirche zu passen scheint, er greift doch in einem Punkt zu kurz: Nicht *wir* halten den Himmel offen. Das hieße, den Mund zu voll zu nehmen. Gott ist es, der den Himmel offen hält. Als Kirche können wir nur Zeichen (lateinisch: „sacramentum") sein, nur Wegweiser, der auf den geöffneten Himmel verweist, gleichzeitig aber auch Weg und Brücke, „Zeichen und Werkzeug", wie das 2. Vatikanische Konzil es formuliert hat (LG 1). Platon und die

Philosophen, die in seiner Tradition stehen, haben versucht, die Wirklichkeit jenseits der sichtbaren Erscheinungen zu erkennen. Das Christentum lebt aus der Erfahrung, dass diese Wirklichkeit im Leben wirkt, dass das Geheimnis, das wir „Gott" nennen, sich erschlossen und erfahrbar gemacht hat, dass Gott selbst den Himmel offen hält, das heißt: sich mitteilt und Beziehung aufnimmt zu den Menschen.

Alle Religionen sind auf ihre Weise Anwälte der Transzendenz. Das Christentum ist eine „Offenbarungsreligion". Das heißt: Die Antwort auf die Ur-Fragen des Menschen nach dem Ganzen der Welt und nach dem Grund der Wirklichkeit wird nicht allein durch philosophisches Nachdenken gesucht. Das Geheimnis, das wir „Gott" nennen, jener unfassbare Horizont, der in unseren Fragen und in unseren Antworten aufscheint, hat sich selbst geoffenbart. Das bedeutet: Es gibt nicht nur den jahrtausendealten Schrei des Menschen nach dem namenlosen Gott, sondern es gibt auch den Ruf Gottes an den Menschen. Ja, Gott hat zuerst gesprochen, schon von Beginn der Welt an, wie es die Schöpfungserzählung im ersten Kapitel der Bibel symbolträchtig ausdrückt, und der Mensch kann nur nach Gott rufen, weil er selbst ein Gerufener ist.
Wer glaubt, lässt sich auf den An-spruch ein, der ihm aus jenem Geheimnis begegnet: auf den lebendigen Gott, den Unsagbaren, Namenlosen, der seinen Namen den Menschen zu-sagt, den Unbegreiflichen, der sein Volk ergreift und sammelt und führt und rettet. Zum Glauben der Christen gehört allerdings noch ein weiterer Schritt; denn die Offenbarung Gottes hat einen Höhepunkt, wie der Brief an die Hebräer gleich in seinem ersten Satz betont: *„Viele Male und auf vielerlei Weise hat Gott einst zu den Vätern gesprochen durch die Propheten; in dieser Endzeit aber hat er zu uns gesprochen durch den Sohn ..." (Hebr 1,1f)*. Der „Sohn" – das ist Jesus Christus. Er gehört ins Zentrum des christlichen Glaubens. Denn in ihm hat sich – das ist die Grundüberzeugung der Christen – Gott auf einzigartige Weise den Menschen mitgeteilt, sichtbar und hörbar gemacht, sich zu erkennen gegeben. Er ist das sichtbare Bild des unsichtbaren Gottes, das Ur-Zeichen („Ursakrament") des göttlichen Geheimnisses, der offene Himmel in Person. In ihm verkörpern sich einerseits die jahrtausende alte Sehnsucht der Menschheit nach Sinn, nach Leben, nach Liebe und andererseits die Zuneigung Gottes zu seiner Schöpfung, seine Hinwendung zu den Menschen, seine Selbstmitteilung an die Welt. Er ist das Band zwischen Himmel und Erde, die Tür, durch die sich für uns der Himmel öffnet, die Verbindung

und Einheit von Gott und Mensch. In ihm ist der Himmel gleichsam geerdet.

Wozu ist die Kirche da? Im Zentrum der Antwort auf diese Frage steht Jesus Christus. „Wir halten den Himmel offen“ – das kann jetzt nur heißen: die Botschaft verkünden und bezeugen, die wir im Credo der Liturgie bekennen: „Für uns Menschen und zu unserem Heil ist er vom Himmel gekommen ... und ist Mensch geworden.“ Verkünden und bezeugen – das meint nicht nur, die Geschichte dieses Jesus und die Geschichte seines Volkes zu erzählen und die Bedeutung seines Lebens, seines Todes und seiner Auferstehung Menschen zu vermitteln. Es geht vielmehr darum, dass die Jesusbewegung weitergeht. Kirche ist dazu da, fortzusetzen und weiterzuführen, was Jesus gesagt und getan hat. Sie ist die Gemeinschaft derer, die Jesus nachfolgen, die seine Praxis zu ihrer Praxis machen, die in seinem Leben, seinem Tod und seiner Auferstehung die Gegenwart Gottes aufleuchten sehen: eine Gegenwart, die das Leben der Menschen und der Welt verwandelt.

Denkanstoß:

⇨ Stellen Sie sich vor, die Kirche würde „den Laden dicht machen“, wie eine Firma, die Pleite gegangen ist oder für die der Firmeninhaber keinen Nachfolger mehr gefunden hat, der den Betrieb fortführt.
Was würde Ihnen persönlich fehlen? Wer würde die Kirche vermissen? Welche gesellschaftlichen Folgen würden eintreten? Würden Sie sagen, die Welt sei ärmer geworden dadurch? Inwiefern?

2.1 Kirche in Jesu Spuren

Was bedeutet diese „Nachfolge Christi“, zu der die Kirche berufen ist, konkret? Hier sind vor allem vier Grundvollzüge zu nennen, die als Hauptüberschriften dienen können, unter die sich das vielfältige kirchliche Leben einordnen lässt. Das ist auch eine erste Orientierungshilfe, wenn Pfarrgemeinderäte ihre Arbeit planen und einen Überblick gewinnen wollen über die vielfältigen Aufgaben, die in einer Pfarrgemeinde anstehen und die kirchliches Leben prägen.

Verkündigung

- Jesus hatte seine Jünger beauftragt, seine Botschaft von der alles verwandelnden Nähe Gottes weiterzusagen. Nach seinem Tod und seiner Auferstehung wird er selbst zum Inhalt der Verkündigung; denn in ihm hat sich die Gegenwart Gottes verdichtet und gleichsam „personifiziert". Die Antwort des Menschen auf diese Selbstmitteilung Gottes nennen wir „Glaube". Im Glauben öffnen wir uns dem Geschenk, in dem Gott sich uns selber mitteilt, sagen Ja zu der Beziehung, die er uns anbietet, treten ein in den Kommunikationsprozess, den er mit uns eröffnet hat.

- In der Beziehung zwischen Gott und Mensch spiegelt sich das Geheimnis Gottes selbst, das wir mit der Redeweise von der „Dreifaltigkeit" zu benennen versuchen: Gott selbst ist Beziehung. Sein Wesen ist Kommunikation: Liebe und Gegenliebe, Ruf und Antwort, Gemeinschaft von Vater und Sohn im Heiligen Geist. Jesus Christus wird deshalb in einem uralten theologischen Bild als „logos", als „Wort Gottes" gedeutet. In diesem Wort spricht der Vater sich selber aus und spricht sich hinein in die Menschheit. Denn „das Wort ist Fleisch geworden und hat unter uns gewohnt" (Joh 1,14).

- Wo immer die Heilsgeschichte des Volkes Israel erinnert wird, wo die Taten und Worte Jesu zur Sprache gebracht werden, da leuchtet Gottes Gegenwart selber auf. Denn die Adressaten der Verkündigung von heute werden einbezogen in die jahrhundertealte Geschichte Gottes mit den Menschen. Auch ihnen gilt die Verheißung von damals. Auch sie sind aufgerufen zur Umkehr. Auch von ihrem Leben, ihrem Schicksal, ihren Hoffnungen und Ängsten ist die Rede, wenn erzählt wird, wie Gott an seinem Volk gehandelt hat und wie Menschen in der Nachfolge Jesu ihren Weg gegangen sind und im Blick auf ihn ihr Leben gedeutet haben.

- *„Geht hinaus in die ganze Welt, und verkündet das Evangelium allen Geschöpfen!" (Mk 16,15)* – diesem Grundauftrag fühlt sich die Kirche seit ihrem Bestehen verpflichtet. In vielen Formen und unter verschiedenen Bezeichnungen kommt sie diesem Auftrag nach: von Katechese und Religionsunterricht bis zu Bibelkreis und Predigt, die je auf ihre Weise der Evangelisation dienen, also dem Ziel, Welt und Gesellschaft, Kultur und Leben mit dem Evangelium zu durchdringen und nach dem

Evangelium zu gestalten. In diesem Grundauftrag der Evangelisation sieht die Kirche ihre „eigentliche Berufung“ und ihre „tiefste Identität“ (EN 14).
Der Bamberger Theologe Wolfgang Klausnitzer sieht darin die entscheidende Antwort auf die Frage, wozu Kirche da ist: „Alles Tun der Kirche hat nur diesen einen Sinn, dass sich im Herzen eines Menschen durch die Begegnung mit Jesus Christus ein kleiner Funke von Glaube, Hoffnung und Liebe entzündet. Wo dies gelingt, hat die Kirche ihren Zweck erfüllt. Wo dies nicht mehr gelingt oder wo dieser einzige Zweck aus dem Blick gerät, wo also die Kirche zum Selbstzweck wird, da ist alles Tun und Handeln der Kirche verdreht, verfälscht und eigentlich sinnlos.“[1]

Dienst an den Menschen und an der Gesellschaft

- Wer Jesus nachfolgt, muss vor allem auch seine Praxis teilen, muss wie er den Menschen in den Mittelpunkt seines Handelns stellen. Denn Jesus hat die Nähe der alles verwandelnden Gegenwart Gottes nicht nur mit Worten verkündet, sondern durch seine Taten, durch sein Verhalten, durch seinen Umgang mit den Menschen gleichzeitig „realisiert“.
- Die Kirche ist für die Menschen da. Das hat sie auf dem 2. Vatikanischen Konzil neu entdeckt. Die Pastoralkonstitution über die Kirche in der Welt von heute beginnt mit dem berühmt gewordenen Satz: „Freude und Hoffnung, Trauer und Angst der Menschen von heute, besonders der Armen und Bedrängten aller Art, sind auch Freude und Hoffnung, Trauer und Angst der Jünger Christi“ (GS 1). Das ist eine Solidaritätserklärung mit den Menschen. Kirche ist dazu da, um den Menschen zu dienen. Bischof Jacques Gaillot drückte es in seinem bekannten Buchtitel so aus: „Wenn die Kirche nicht dient, dient sie zu nichts.“ Deshalb verwies auch Papst Johannes Paul II. in seiner ersten Enzyklika ausdrücklich auf den Menschen, zu dem alle Wege der Kirche führen müssen, und betonte: „Dieser Mensch ist der erste Weg, den die Kirche bei der Erfüllung ihres Auftrags beschreiten muss: er ist der *erste und grundlegende Weg der Kirche,* ein Weg, der von Christus selbst vorgezeichnet ist ...“ (Redemptor hominis 14).

[1] Wolfgang Klausnitzer: Wie Jesus – aber wie?, in: Christ in der Gegenwart 57 (2005), Nr. 17, 133f, hier: 133.

- Der Grund für dieses radikale Engagement für den Menschen ist Gott selbst. Immer wieder offenbart sich Gott in den Geschichten der Bibel als leidenschaftlicher Anwalt für die Lebensmöglichkeiten des Menschen. Jesus hat für die Botschaft von der Güte und Menschenfreundlichkeit Gottes sein Leben eingesetzt und in prophetischem Protest gegen alle Fesseln von Blindheit und Angst die Freiheit der Kinder Gottes verkündet. Heilend und befreiend ist er Menschen begegnet, erfüllt vom Atem Gottes, dem Heiligen Geist, und hat damit einen Schimmer des großen Schalom sichtbar gemacht: des Friedens Gottes, der alles Begreifen übersteigt.
- Dass die Kirche Volk Gottes ist, zeigt sich darin, dass sie Gottes Zuwendung zu den Menschen teilt, dass sie Jesu Weg zum Menschen und an der Seite des Menschen mitgeht. In diesem sozialen und politischen Engagement verwirklicht sich der Glaube der Kirche und es wird sichtbar, dass „Gott aufscheint in unseren Taten" (Rolf Zerfaß). Der Kirchenvater Irenäus von Lyon bringt es in einer berühmten Formulierung auf den Punkt: „Die Ehre Gottes ist der lebendige Mensch." Das heißt: Wer Gott ehren will, muss dem Menschen dienen.

Liturgie

Die mit unseren Worten verkündete und in unserem Handeln aufscheinende Nähe Gottes erweist sich und realisiert sich auf besondere Weise in der Feier der Liturgie.

- Es wäre deshalb nicht falsch, auf die Frage: „Wozu ist die Kirche da?" die Antwort zu geben: zum Lob Gottes. Es hat eine lange Tradition, die tiefste Bestimmung des Menschen darin zu sehen, Gott zu loben und ihn anzubeten und zu verherrlichen. Denn das ist die einzig angemessene Antwort auf all das, was Gott an den Menschen getan hat.
  „Lobet den Herrn, alle Völker,
  preist ihn, alle Nationen!
  Denn mächtig waltet über uns seine Huld,
  die Treue des Herrn währt in Ewigkeit.
  Halleluja!" (Ps 117)
  So betete schon das Volk Israel. Anknüpfend an die jüdische Tempelliturgie haben die Christen bereits in ältester Zeit täglich das Morgenlob und das Abendlob gebetet und dann das Stundengebet entwickelt, das den ganzen Tag heiligen soll. Noch heute gibt es bei uns die „Ewige

Anbetung". Das bedeutet, in einer Diözese wird reihum durch alle Pfarrkirchen wandernd täglich Anbetung vor dem Allerheiligsten gehalten. Dahinter steckt die Überzeugung, dass es zur tiefsten Berufung der Kirche gehört, mit der ganzen Menschheit und stellvertretend für sie, mit Lob und Dank und fürbittendem Gebet vor das Angesicht Gottes zu treten.

- Das Lob Gottes ist die Antwort auf das, was Gott getan hat. Liturgie beinhaltet deshalb immer zwei Bewegungen: die Bewegung Gottes auf den Menschen zu und die Bewegung des Menschen auf Gott hin. In jedem Gottesdienst hat darum die Heilige Schrift einen wichtigen Platz, denn sie ruft in Erinnerung und verkündet, was Gott an seinem Volk getan hat. Mehr noch: Im liturgischen Ritus wird das Heil, von dem die Bibel erzählt, gegenwärtig gesetzt. Die heiligen Symbolhandlungen der Sakramente aktualisieren gewissermaßen das Heilsgeschehen. Die Mitte der Liturgie ist deshalb die Feier der Eucharistie. In ihr wird nicht nur daran erinnert, was Jesus gesagt, getan und erlitten hat, sondern sein Tod und seine Auferstehung werden zur geheimnisvollen Gegenwart. Von Erlösung wird nicht nur berichtet, sondern sie ereignet sich. Die Liturgie erzählt nicht nur „Heilsgeschichte", sondern „inszeniert" sie gleichzeitig und will sie im Ritus Gegenwart werden lassen. Das Geschehen von einst geschieht auch jetzt, springt auf die Mitfeiernden über, bezieht sie ein und ergreift sie. Die versammelte Gemeinde ist eingeladen, sich ergreifen zu lassen, zu antworten in Lob und Dank und sich selbst der „Wandlung" auszusetzen, Leib Christi zu werden.

- Die Grenzen zwischen Vergangenheit und Gegenwart sind damit aufgehoben. Liturgie lebt davon, beides aufeinander zu beziehen. Deshalb muss auch beides im Gottesdienst Platz haben: der seit zweitausend Jahren tradierte Glaube der Kirche und das Lebensgefühl und die Lebenssituation der Menschen von heute. Für die Gestaltung der Liturgie erfordert das immer einen Balanceakt: der Überlieferung treu bleiben und trotzdem zeitgemäß sein; die in den alten Texten und Riten gespeicherte Erfahrung und Wahrheit heben und erschließen, aber gleichzeitig eine neue Sprache und neue Rituale entwickeln, um die Menschen von heute zu erreichen.

- Wer einen Gottesdienst mitfeiert, stellt sich mit seinem Leben, mit seinen Hoffnungen und seiner Angst, seiner Freude, seiner Trauer, seinen

Sorgen, kurz: mit all dem, was das eigene Leben ausmacht und prägt, vor das Angesicht Gottes, rückt es hinein in den Horizont seiner geheimnisvollen Gegenwart. Dadurch geschieht Umkehr, Verwandlung, Heilung. Der Blick weitet, das Herz öffnet sich. Gleichzeitig ist die Liturgie aber auch Feier der Gemeinde. Das Leben der Gemeinde kommt in ihr zur Sprache, verdichtet sich, wird gefeiert. Liturgie darf nicht „in der Luft hängen". Um das Sakrament der Communio zu feiern, muss auch in der Gemeinde Gemeinschaft gelebt und erlebt werden. Der Feier der Versöhnung muss auch eine Praxis der Versöhnung entsprechen. Wenn die Firmung unter anderem auch „Sakrament der Mündigkeit" sein soll, muss auch in der Pfarrgemeinde ein erwachsener Glaube erwünscht sein und gefördert werden.[2] Trotzdem spiegelt die Liturgie nicht einfach den realen Zustand einer Pfarrgemeinde. Sie überschreitet nicht nur die Grenzen zwischen Gegenwart und Vergangenheit, sondern auch zwischen Gegenwart und Zukunft. Denn sie nimmt auch zeichenhaft und verheißungsvoll vorweg, was sein könnte oder was einmal sein wird, wenn Gottes Geist die Gemeinde erfüllt und verwandelt hat. Auch wenn Gemeinschaft, Versöhnung und Mündigkeit in der real existierenden Gemeinde noch unterentwickelt sind, kann in der Liturgie aufleuchten, wozu sie „eigentlich" berufen ist und wohin sie unterwegs ist.

Sammlung und Aufbau des Gottesvolkes

Eine Wurzel der Kirche ist die Sammlungsbewegung, mit der Jesus das Volk Israel angesichts der erwarteten Endzeit zusammenrufen wollte. Das von ihm angestrebte „Großaufgebot" kam nicht zustande. Aber die von ihm berufene Jüngergemeinschaft wurde nach seinem Tod und seiner Auferstehung zur Keimzelle einer neuen missionarischen Bewegung. Die neue Gemeinschaft, die sich auf diese Weise bildete, verstand sich als „kyriake", als dem Herrn („kyrios") gehörendes Gottesvolk. Darauf geht unsere Bezeichnung „Kirche" letztlich zurück.

- Sammlung und Gemeinschaftsbildung gehören deshalb von Anfang an zu den Grundvollzügen der Kirche. Aus einer Bewegung von Begeisterten (durchaus im wörtlichen Sinne: die Bewegung der vom Geist Jesu

[2] Vgl. Bischof Franz Kamphaus: Erwachsenwerden im Glauben, Fastenhirtenbrief 2005.

Ergriffenen) entwickelte sich über die Jahrhunderte eine Institution mit festen Ämtern, Glaubensbekenntnissen und Riten.

- „Seht, wie sie einander lieben …“ – mit diesem berühmten Wort charakterisierte schon im 2. Jahrhundert der frühchristliche Theologe Tertullian die Christengemeinschaft.[3] In der Tat war die Überwindung sozialer Schranken zwischen Juden und Griechen, Sklaven und Freien, Männern und Frauen (vgl. Gal 3,28) charakteristisch für die neue Bewegung. Sie teilten ihren Besitz miteinander und pflegten Gemeinschaft in Gebet und Gottesdienst (vgl. Apg 2,43–47). Es ist ein historisches Faktum, dass vor allem Menschen aus den unteren Schichten, darunter auch viele Sklaven, den Weg ins junge Christentum fanden. Tertullian weist darauf hin, dass selbst die Heiden seiner Zeit die Armenfürsorge der Christen bewundernd anerkannten und darüber staunten, dass sie einander „Brüder“ nannten.

- Diese Geschwisterlichkeit ist ein Kennzeichen der Kirche. Sie drückt sich aus in einem partnerschaftlichen, wertschätzenden Umgangsstil und einer Organisationsstruktur, die Beteiligung aller ermöglicht und auf den Prinzipien von Transparenz und Dialog gründet. „Sammlung und Aufbau des Gottesvolkes“ beinhaltet deshalb auch die Aufgabe, dafür zu sorgen, dass viele Menschen ihre Begabung und ihre Sichtweise in das Leben der Kirche einbringen können.

- Im Gegensatz zu einer einseitig hierarchischen und klerikalen Auffassung von Kirche hat das 2. Vatikanische Konzil die gemeinsame Würde und Berufung aller im Gottesvolk betont: Weil Gott, der Dreifaltige, in sich selbst „Communio“, also Gemeinschaft lebendiger Beziehungen, ist, deshalb muss auch die Kirche „Communio“ sein. In ihr spiegelt sich das Geheimnis Gottes. Sie verkörpert das Ineinander von Vielfalt und Einheit. Sie bildet in ihrem eigenen Leben jenes kommunikative Miteinander und Zueinander ab, das sie vom dreifaltigen Gott selbst bekennt.

- Durch die *Verkündigung* wird Gottes Volk gerufen und vereint. In der *Liturgie* versammelt es sich zum Lob Gottes und zur Feier des Glaubens. Im *Dienst an den Menschen und an der Gesellschaft* folgt es dem Auftrag Jesu und erfüllt die Sendung der Kirche für die Welt. Verkündi-

[3] Apol. 36.

gung, Liturgie und Diakonie geschehen mitten im Gottesvolk und lassen es gleichzeitig überhaupt erst entstehen. In ihnen vollzieht sich Kirche und bildet sich zugleich. Sammlung und Aufbau des Gottesvolkes ereignet sich, wenn das Wort Gottes verkündet wird, wenn Menschen Gottes Gegenwart und sein Wirken feiern, wenn sie in seinem Namen Freude und Hoffnung, Trauer und Angst der Menschen teilen und sich auf seine Seite stellen im Engagement für die Armgemachten und Unterdrückten. Gleichzeitig ist Kirche der „Raum“, in dem all das geschieht: das „Milieu“ von Glaube, Hoffnung und Liebe, das entsteht und wächst, wo das Wort des Lebens verkündet, das Brot des Lebens geteilt und der Dienst am Leben praktiziert wird.

Anregung:

⇨ Erstellen Sie vor diesem Hintergrund ein „Aufgabenprofil“ des Pfarrgemeinderats. Vergleichen Sie es anschließend mit der PGR-Satzung.

Nach dem bisherigen Überblick ergibt sich folgendes Bild:

- Welt und Menschheit sind kein geschlossenes System, sondern sie sind umgriffen von und gründen in dem Geheimnis, das wir „Gott“ nennen. Die Kirche als Teil der Menschheit ist Anwalt der Transzendenz, „Zeichen und Werkzeug“ der Verbindung mit Gott.
- Gott selbst hat sich den Menschen mitgeteilt, ist in Beziehung getreten zu ihnen, hält „den Himmel offen“. Höhepunkt und Vollendung dieser Selbstmitteilung Gottes ist Jesus Christus, die „Verbindung in Person“, der „geerdete Himmel“.
- Die Kirche hat als „kyriake“, als dem Herrn gehörendes Volk, die Aufgabe, ihm nachzufolgen und Sauerteig des Evangeliums zu sein in der Welt.
- Konkret vollzieht Kirche die Nachfolge Christi, indem sie seine Botschaft verkündigt, sein heilendes und befreiendes Handeln unter den Menschen fortsetzt, seine Gegenwart als gekreuzigter und auferstandener Herr feiert und sich als sein Volk sammelt und in jener „Communio“ lebt, die Zeichen und Abbild der Communio des dreifaltigen Gottes selber ist.

- Dynamisches Prinzip ist der Heilige Geist: der Atem Gottes, den er von Anfang an den Menschen und der Schöpfung eingehaucht hat, der das „lebendige Band" ist zwischen dem Vater und dem Sohn, jene göttliche „Kraft", die Jesus erfüllt hat und die sich von ihm ausgebreitet hat auf sein Volk. Die Kirche ist die Gemeinschaft der von Jesus Be-Geisterten, die aus seinem Geist und in seinem Geist lebt.

Denkanstöße:

⇨ „Das Betreiben eines Kindergartens ist keine kirchliche Kernaufgabe. Das können wir bei knappen Kassen getrost den Kommunen überlassen." – So wird gelegentlich gesagt. Wie können Sie hier von der Sendung der Kirche her theologisch dagegen argumentieren?

⇨ Unter welchen der vier aufgeführten kirchlichen Grundvollzüge ordnen Sie das Pfarrfest ein? Welche Konsequenzen ergeben sich daraus für die Gestaltung?

⇨ Inwiefern entsprechen die Liturgiefeiern, die Sie erleben, den oben entfalteten Kriterien? Welche Änderungen schlagen Sie gegebenenfalls vor?

3. Die Gestalt der Kirche

Die Frage, wozu Kirche da ist, wurde hier aus der Binnensicht beschrieben: aus der Sicht der Mitglieder, der Gläubigen, der kirchlichen Dokumente und Verlautbarungen. Es ist eine theologische Sicht, die Kirche als Glaubensgemeinschaft versteht, die sich dem Ruf Gottes verdankt und den Weg Jesu geht.
Von einer „Außensicht“ her ergibt sich ein ganz anderes Bild. Wenn man zum Beispiel die Kirche unter dem Blickwinkel betrachtet, was sie leistet, welche öffentliche Rolle sie spielt und welchen Nutzen die Menschen von ihr haben, dann erscheint sie als eine religiöse Dienstleistungsorganisation, die ganz bestimmte Funktionen in der Gesellschaft erfüllt. Sie bietet ein Deutungssystem an, das die Welt verstehen hilft und dem Leben ethische Orientierung gibt. Sie stabilisiert Menschen in Lebenskrisen und bietet eine Hilfe bei der Bewältigung von Unglück und Tod, Versagen und Schuld. Die Gesellschaft teilt der Kirche gewissermaßen die Aufgabe zu, Menschen dabei zu unterstützen, mit Erfahrungen von Endlichkeit und Vergänglichkeit fertig zu werden. Darüber hinaus leistet sie wertvolles Engagement an sozialen Brennpunkten, im Wohlfahrtswesen, in der Erziehung und Bildungsarbeit. Außerdem ist sie ein Kulturträger ersten Ranges: mit beeindruckenden Bauwerken und Kunstschätzen, mit einem reichen Brauchtum und alten folkloristischen Traditionen. So mag Kirche aussehen, wenn man sie durch die soziologische Brille betrachtet.
Es gibt auch einen Blickwinkel bestimmter Ideologien, aus dem heraus die Kirche als feudales Machtsystem erscheint, das Menschen manipuliert und in geistiger Abhängigkeit hält: Durch Vertröstung mit einem Lohn im Jenseits würden ungerechte soziale und politische Verhältnisse verschleiert, durch Unterdrückung der Sexualität und starre Normen werde die freie Entfaltung der Persönlichkeit behindert und durch eine unheilige Allianz mit den Mächtigen würden wirtschaftliche und politische Vorteile erschlichen.

Was Kirche „wirklich“ ist, wird von keiner dieser Sichtweisen ganz erfasst. Weder die theologische noch die soziologische Brille genügt allein. Wenn man Kirche verstehen will, muss man der Tatsache Rechnung tragen, dass sie eine „Innenseite“ und eine „Außenseite“ hat, oder genauer gesagt: einen ideellen Kern und eine äußere Gestalt. Die „Innenseite“, der „Kern“

ist das „mysterium“ der Kirche: jenes geheimnisvolle „Zeichen und Werkzeug“ der Vereinigung mit Gott und der Einheit der ganzen Menschheit (LG 1). Auf der „Außenseite“, also in ihrer Struktur und Gestalt, zeigt sich Kirche als Organisation bzw. als soziales System. Die „Innenseite“ wird vom theologischen Auge wahrgenommen und erschließt sich durch die Reflexion des Glaubens. Die „Außenseite“ kommt für das soziologische Auge in den Blick und ist Gegenstand organisationstheoretischer Analyse.
Beide Seiten gehören untrennbar zusammen. Die Vision, das Wesen der Kirche soll ja auch in ihrer Gestalt zum Ausdruck kommen und sichtbar werden. Andererseits dürfen beide Seiten aber auch nicht einfach vermischt werden. Denn Kirche ist ja nie mit ihrer jeweiligen Gestalt, ihrer zeitbedingten Struktur und Organisationsform einfach identisch. Sie ist immer mehr als man „von außen“ sieht, und sie bleibt gleichzeitig in ihrer Gestalt immer hinter dem zurück, was sie von ihrem Wesen her ist und nach ihrer Berufung eigentlich sein sollte.
Göttliches und menschliches Prinzip in der Kirche durchdringen sich gegenseitig. Auch darin gleicht die Kirche ihrem Herrn: Das macht ja das Geheimnis der Person Jesu Christi aus, dass er Gott und Mensch zugleich ist, wie die frühen Glaubensbekenntnisse es ausdrücken. Immer wieder pendelten die theologischen Deutungen der ersten Jahrhunderte zwischen zwei Einseitigkeiten hin und her: Einmal wurde die Menschheit Jesu stärker betont auf Kosten seines göttlichen Wesens, ein andermal wurde seine Gottheit hervorgehoben und dafür seine Menschlichkeit ausgeblendet. Weil sich das Geheimnis seiner Person nicht auf einen Nenner bringen lässt, hat das Konzil von Chalcedon im Jahr 451 die paradoxe Formulierung gewählt, Jesus sei „wahrer Gott und wahrer Mensch“ und er, der eine und derselbe, bestehe „in zwei Naturen unvermischt, unverwandelt, ungetrennt und ungesondert“.
Dieses Geheimnis der Inkarnation, der Menschwerdung Gottes, spiegelt sich auch in der Kirche: Sie ist göttlich und menschlich zugleich. Beide „Seiten“, ideeller Kern und strukturelle Gestalt können nicht gegeneinander ausgespielt werden. Sie durchdringen sich gegenseitig. Deshalb nennt das 2. Vatikanische Konzil die Kirche „mysterium“ oder „sacramentum“, weil im sichtbaren Zeichen jene unsichtbare Wirklichkeit präsent wird, die das Geheimnis von Kirche ausmacht.

Denkanstoß:

⇨ Im Zuge von Sparmaßnahmen muss eine kirchliche Einrichtung Mitarbeiter entlassen. Eine öffentliche Diskussion setzt ein. Der Kirche wird vorgeworfen: „Ihr seid auch nur ein Wirtschaftsbetrieb wie alle anderen. Gerade von der Kirche hätte ich etwas anderes erwartet. Mit eurer Finanzpolitik, eurer Bürokratie, eurer Personalführung habt ihr euch so unglaubwürdig gemacht, dass für mich Kirche erledigt ist."

In einer Pfarrgemeinde gibt es Konflikte zwischen zwei Gruppierungen. Der Streit eskaliert so, dass der Pfarrgemeinderat sich damit befassen muss. Ein Pfarrgemeinderatsmitglied argumentiert, dass ein solcher Umgangsstil in der Kirche nicht akzeptabel sei. Der Pfarrer hält dagegen, das seien nur Äußerlichkeiten. Das „Mysterium" der Kirche bleibe davon unberührt.

Wie ist Ihr Standpunkt in den beiden Fällen?

3.1 Von der Jesusbewegung zur „Amtskirche"?

- In der frühen Phase des Neuen Testaments begegnen uns noch keine Ämter im heutigen Verständnis, sondern vielfältige Dienste und Charismen, die zum Leben der Gemeinde beitragen. In den paulinischen Gemeinden gibt es zunächst keine straffe Organisation oder feste institutionelle Formen. Wohl aber ist die Rede von ständig wahrzunehmenden Diensten und bestimmten Funktionen in der Gemeinde. Aufgezählt werden etwa Apostel, Lehrer, Propheten, aber auch Episkopen und Diakone.
- Schon sehr früh, ganz zu Beginn des 2. Jahrhunderts, führt die Entwicklung jedoch zum monarchischen Episkopat, zum Bischofsamt. Im Hintergrund dieser Entwicklung steht die Auseinandersetzung mit der Irrlehre der Gnosis. Je mehr diese Strömung den Glauben und die Kirche spiritualisierte, desto stärker musste zur Korrektur die geschichtlich-konkrete Erscheinungsweise der Kirche (und auch Jesu Christi) betont werden. Zudem ist es eine bekannte Tatsache, dass Auseinandersetzungen mit Gefährdungen von außen strukturbildend nach innen wirken.

- Wenig später, bei Irenäus von Lyon, begegnen wir dann verstärkt dem Argument von der apostolischen Sukzession der Bischöfe, das heißt von der Verbindungslinie zwischen ihnen und der Zeit der Apostel. Gegen die Berufung der Gnostiker auf bestimmte Geheimlehren, über die sie verfügen, wird als Kriterium der „wahren Lehre" betont, dass sie ihren Ursprung von den Aposteln her lückenlos nachweisen kann. Die Bischöfe sind die Bindeglieder dieser Traditionskette, die bis in die Zeit der Apostel zurückreicht, und sie garantieren damit die Echtheit des in ihrer Gemeinde gelebten christlichen Glaubens.

- In der Frühzeit kennt das Christentum noch nicht den Unterschied zwischen „Klerus" und „Laien". „Laós", das griechische Wort für „Volk", ist auch die Bezeichnung für die christliche Gemeinde. Dabei ist festzuhalten: Immer ist die ganze Gemeinde, das ganze Volk gemeint. Eine Unterscheidung zwischen Führern und Geführten oder gar zwischen Priestern und Laien gibt es nicht. „Alle, die zum Laós gehören, sind Laien ..." (Peter Neuner). Laien sind also noch in keiner Weise ein Stand innerhalb der Kirche. Die Differenz verläuft vielmehr zwischen Glaubenden und Nicht-Glaubenden, zwischen Volk und Nicht-Volk.

- Erst im 3. Jahrhundert bei Klemens von Alexandrien treffen wir die Aufzählung Priester, Diakone und Laien, und im Westen erscheinen kurz danach in den Schriften Tertullians Klerus und Laien bereits als eigene Stände. Parallel dazu erfolgt auch eine zunehmende Sakralisierung des Priesterbegriffs: Die „Presbyter" der urchristlichen Gemeinde bildeten eine Art Leitungskollegium: einen „Ältestenrat", der an die jüdische Gemeindeorganisation anknüpfte. Eine sakral-kultische Priesterrolle, wie sie etwa aus der jüdischen Tempeltradition bekannt war, wollte man bewusst vermeiden; denn nur Jesus Christus ist – nach dem Hebräerbrief – der wahre Hohepriester, der alle kultischen Opfer überflüssig macht. Doch aus verschiedenen Gründen setzt sich das Kultpriestertum auch im jungen Christentum wieder durch und verändert das Selbstverständnis und die Rolle der Presbyter.

- Für die Grundstruktur der Kirche bedeutet diese Entwicklung, dass die Institutionalisierung zunimmt. Um der Aufbruchsbewegung Stabilität und Dauer zu verleihen, werden Ämter und Rollen ausgebildet, Bekenntnisformeln eingeführt, Aufnahmeverfahren und christliche Verhaltensregeln festgelegt und liturgische Texte und Rituale entwickelt.

- In den alten Glaubensbekenntnissen wird die „eine, heilige, katholische und apostolische“ Kirche bekannt: eine Grunddefinition, in der bis heute die wesentlichen Merkmale der Kirche zusammengefasst sind. *Einheit* und *Apostolizität* sollen die Verbindung der Ortskirchen miteinander („synchron“) und ihre Verbindung mit den Ursprüngen der Apostel- und Jesuszeit („diachron“) sicherstellen. *„Heilig“* ist die Kirche, weil sie Gottes Volk ist: durch seine Gegenwart geheiligt, beschenkt mit seiner geheimnisvollen Nähe und gleichsam einbezogen in sein göttliches Leben – was am dichtesten in der Eucharistiefeier zum Ausdruck kommt. Mit der alten Bezeichnung *„katholisch“* kommt die umfassende Sendung der Kirche für die ganze Menschheit zum Ausdruck. Sie ist das „Heils-Zeichen“ mitten in der Schöpfung Gottes: Sakrament und Instrument jener Berufung, zu der die Menschheit von Anfang an bestimmt und durch die Geschichte hindurch unterwegs ist.

- Um die Rückbindung der Kirche an ihren Ursprung sichtbar zu machen, ihre Verwurzelung in der Tradition der Apostel und ihre Einbindung in die Gesamtheit der vielen Ortskirchen in aller Welt – dafür gibt es das Amt in der Kirche. Es ist ein Dienst an der Einheit und ein Dienst an der Wahrheit: Es ist eingebettet ins Volk Gottes und bezeugt gleichzeitig in ihm die geheimnisvolle Gegenwart Gottes, der sein Volk ruft und es mit seiner Nähe erfüllt („heiligt“). Und es hat die prophetische Aufgabe, das Gottesvolk immer wieder an seine Sendung für die Welt zu erinnern, an den Auftrag, alle Völker und Kulturen mit dem Evangelium zu durchdringen, bis Gottes Geist die ganze Welt verwandelt hat.

- Seit dem 16. Jahrhundert spricht man ganz ausdrücklich von den drei Ämtern Christi, die sich aus seinem Messiastitel („der Gesalbte“) ableiten lassen und auf die alttestamentliche Praxis der Salbung ausgewählter Personen zurückgehen: Jesus Christus wird nach dieser Deutung verstanden als Prophet, König und Priester. Diese durch die Salbung übertragene Würde sah man auch bei den geweihten Amtsträgern gegeben. Ihre Aufgabe sollte es sein, das Amt des Lehrens, des Leitens und des Heiligens in der Kirche auszuüben, wie auch die Kirche als Ganze vor allem die Aufgabe habe, den Menschen das Evangelium zu verkünden (zu „lehren“), sie wie ein König oder Hirte zusammenzuführen und für sie Sorge zu tragen („leiten“) und ihnen in Gebet, Gottesdienst und Sakramenten den Segen Gottes zu vermitteln und zu bezeugen („heiligen“). Das Zweite Vatikanische Konzil betonte, dass jeder Christ teil hat am „priesterlichen, prophetischen und königlichen Amt" Christi (AA 2; LG 31). Danach kann es keine „Zwei-Klassen-Gesellschaft" in der Kirche geben, sondern eine gemeinsame Berufung, Sendung und Würde aller im Gottesvolk, gleichzeitig aber einen besonderen Auftrag des Amtes, den heiligen Ursprung (griechisch: „Hierarchie") der Kirche zeichenhaft sichtbar zu machen und der Einheit, Heiligkeit, Katholizität und Apostolizität der Kirche auf besondere Weise zu dienen. (Zur weiteren Konkretisierung vergleiche die Ausführungen über den Pfarrgemeinderat in Kap. 4.)

Denkanstöße:

- ⇨ Ein Pfarrer, so sagt man, hat in besonderer Weise das „Einheitsdienstamt" in seiner Pfarrgemeinde auszuüben. Was ist damit gemeint?
- ⇨ Das Verhältnis eines Pfarrers zu seiner Gemeinde wurde früher oft mit dem Bild vom Hirten und der Herde beschrieben. Dieses Bild hat aber auch seine Grenzen und kann leicht missverstanden werden. Wie sehen Sie das Verhältnis von Klerus und Laien, Amt und Gottesvolk?
- ⇨ Der Begriff „Amtskirche" ist meistens negativ besetzt. Welche schlechten Erfahrungen stecken dahinter? Wie können Sie trotzdem die Bedeutung des Amtes in der Kirche begründen?
- ⇨ Im Streit mit dem Pfarrgemeinderat beruft sich ein Pfarrer auf sein Amt und will sich keiner Diskussion stellen. Wie können Sie als Pfarrgemeinderatsmitglied theologisch ihr Mitspracherecht begründen?

3.2 Gemeinde als „Kirche vor Ort"

Die älteste und bis heute wichtigste Sozialform und Gestalt von Kirche ist die christliche Gemeinde. So selbstverständlich das klingt – zumal wohl die meisten Leserinnen und Leser dieses Buches in einer christlichen Gemeinde beheimatet oder sogar persönlich engagiert sind – so vielschichtig und schillernd ist bereits der Gemeindebegriff.

Hinweise zum Gemeindebegriff

Noch bis in die Sechzigerjahre des letzten Jahrhunderts wurde im katholischen Raum kaum von „Gemeinde" gesprochen. Der zentrale Begriff war die „Pfarrei". Darunter verstand und versteht man eine – meist territorial abgegrenzte – Sozialform von Kirche, die eine bestimmte Gemeinschaft von Gläubigen umfasst, in der ein Pfarrer im Auftrag des Bischofs die Seelsorge wahrnimmt und das Leitungsamt ausübt. Betont werden damit die Verbindung mit der Ortskirche des Bistums, die Organisationsstruktur (Pfarrgebiet, zuständiger Pfarrer, Seelsorgs- und Leitungskompetenz) und die äußere und innere Stabilität, die den Pfarreimitgliedern Beheimatung und Zugehörigkeit vermitteln. Mit dem Begriff „Gemeinde" wird dagegen stärker die „Innenseite", der „ideelle Kern" der Pfarrei in den Blick genommen: Die Liturgische Bewegung und die Bibelbewegung des letzten Jahrhunderts und dann vor allem das 2. Vatikanische Konzil hatten die theologische Dimension von Kirche und Pfarrei wiederentdeckt. Das dynamische Prinzip, das Menschen im Glauben zusammenführt und sie als Volk Gottes den Weg Jesu gehen lässt, kam für sie deutlicher in dem Begriff „Gemeinde" zum Ausdruck. Die Gemeinsame Synode der Bistümer in der Bundesrepublik Deutschland, die in den 70er-Jahren des letzten Jahrhunderts tagte, wollte das Ineinander und Zueinander von äußerer Gestalt und innerem Kern zum Ausdruck bringen und entschied sich deshalb für den Begriff „Pfarrgemeinde".

Hinweise zur Geschichte

- Bereits im Neuen Testament begegnen uns unterschiedliche Gemeindeformen.[4] Es herrscht eine Vielfalt, die von örtlichen Gegebenheiten und der jeweiligen Situation abhängig ist. Bezeichnend ist, dass immer auch Organisationsformen aus dem gesellschaftlichen oder religiösen Umfeld aufgegriffen werden und in die eigene Gemeindestruktur einfließen. So werden etwa Anleihen genommen bei der antiken Hausgemeinschaft, bei der jüdischen Synagogenstruktur oder bei den antiken Kultvereinen.
- Der Trend der Entwicklung geht von der missionarischen Bewegung zur religiösen Institution: Am Anfang wird die Jesusbewegung durch Wanderpropheten weitergetragen, sammeln sich Christen in Hausgemein-

[4] Vgl. dazu vor allem den zweiteiligen Aufsatz von Martin Ebner: Strukturen fallen auch in christlichen Gemeinden nicht vom Himmel. Überlegungen zu neutestamentlichen Gemeindemodellen, in: Diakonia 31 (2000), H. 2, 60–66; H. 3, 199–204.

schaften, organisieren sich charismatisch im Zusammenspiel verschiedener Begabungen und Dienste. Später nehmen die Ordnungselemente zu, werden Ämter und Strukturen erforderlich, festigt sich die institutionelle Gestalt, die zunehmend auch Organisationsformen des römischen Imperiums aufgreift. Diese Entwicklung ist bereits in den Pastoralbriefen erkennbar und findet ihren sichtbaren Ausdruck im Bischofsamt.

- Auffällig in dieser frühen Phase ist nicht nur, wie selbstverständlich Organisationsmodelle von außen übernommen und für die eigene Situation nutzbar gemacht werden, sondern wie gut es auch gelingt, Einheit und Vielfalt in Balance zu bringen. Ein Zeichen dafür ist bereits der Begriff „ekklesia", „Gemeinde" bzw. „Kirche": Er kann sowohl die konkrete Ortsgemeinde als auch die Gemeinschaft der Gemeinden, also die Gesamtkirche, bezeichnen. Gemeinde steht also immer in der Spannung, konkrete Gemeindeversammlung vor Ort zu sein und zugleich Teil der universalen Glaubensgemeinschaft der Weltkirche. In der Frühzeit der Kirche war diese Einheit trotz aller Verschiedenheit in der konkreten Gemeindestruktur möglich. Erst mit dem Bischofsamt und der Ausdifferenzierung weiterer Ämter und Organisationsprinzipien setzte sich der Trend zu einem „Einheitsmodell" durch.
- Die Kirche des dritten Jahrhunderts war Bischofskirche und zugleich Stadtkirche. Das bedeutet: Das Christentum war vor allem Stadtreligion und es war in seiner Organisationsstruktur auf den Bischof als den obersten Seelsorger zentriert. Nach der berühmten Konstantinischen Wende im vierten Jahrhundert wurde aus der vorher noch verfolgten Minderheit eine Staatsreligion mit entsprechenden Privilegien. Der dadurch einsetzende Massenzulauf veränderte das Gesicht des Christentums tiefgreifend. Eine der vielen Folgen: Mit der Christianisierung des römischen Hinterlandes entstehen Landpfarreien. Da der Bischof nicht mehr überall präsent sein kann, werden Presbyter („Pfarrer") als Leiter eingesetzt, denen man bisher dem Bischof vorbehaltene Vollmachten überträgt. Das religiöse Leben verlagert sich von der Bistumsebene in die Pfarrei.
- Im Mittelalter verbindet sich die Pfarreistruktur mit dem Feudalsystem: Die Pfarrei wird zur „Eigenkirche" des Grundherrn und damit zu einer Art religiösem Versorgungsunternehmen für die Untertanen und gleichzeitig zu einer Einkommenspfründe für die vom Grundherrn angestellten Priester.

- Reformation und Konzil von Trient führen zwar zu einer Rückbesinnung auf den pastoralen Auftrag und rücken die Seelsorge, besonders die Verkündigung und die Spendung der Sakramente wieder in den Mittelpunkt, aber das Grundprinzip der Ein-Mann-Pfarrei bleibt bis ins 20. Jahrhundert im Wesentlichen unverändert.

- Der Gemeindegedanke kommt – wie oben beschrieben – erst im 20. Jahrhundert wieder zum Durchbruch. Den Boden bereitet hatten die Erneuerungsbewegungen um Bibel und Liturgie. Bezeichnend ist die programmatische Überschrift, die Romano Guardini einem Aufsatz voranstellte: „Das Erwachen der Kirche in der Seele." Grundlage der Gemeindevision wurde dann das 2. Vatikanische Konzil, das die Ortskirche unter der Leitung des Bischofs und die Gemeinde vor Ort theologisch aufwertete: *„Diese Kirche Christi ist wahrhaft in allen rechtmäßigen Ortsgemeinschaften der Gläubigen (congregationes locales fidelium) anwesend, die in der Verbundenheit mit ihren Hirten im Neuen Testament auch selbst Kirchen heißen. Sie sind nämlich je an ihrem Ort, im Heiligen Geist und mit großer Zuversicht … das von Gott gerufene neue Volk."* (LG 26) Der Gemeinde als der Gemeinschaft der Glaubenden wurde damit eine neue Würde und Berufung zuerkannt, die an die biblische und frühchristliche Tradition anknüpfte: Sie verstand sich als „Kirche vor Ort". Damit war der „ideelle Kern" der Pfarrei eigens benannt. Daran musste die Pfarrei sich messen lassen. Das war sozusagen ihre „Innenseite". Im Überschwang dieser Wiederentdeckung wurde die Gemeinde geradezu zum kritischen Prinzip der Pfarrei, wie es in der berühmten Schwarz-Weiß-Formulierung der Gemeinsamen Synode zum Ausdruck kommt, aus der noch ganz die Gemeindeeuphorie der 70er-Jahre spricht: *„Aus einer Gemeinde, die sich pastoral versorgen lässt, muss eine Gemeinde werden, die ihr Leben im gemeinsamen Dienst und in unübertragbarer Eigenverantwortung jedes Einzelnen gestaltet."* (Beschluss „Dienste und Ämter", 1.3.2) Die „lebendige Gemeinde" ist seitdem das große Zauberwort und wird *„eines der wichtigsten Ziele der kirchlichen Reformbemühungen"* (Dienste und Ämter, 1.1.1).

Denkanstoß:

⇨ Wo können Sie in Ihrer Pfarrgemeinde heute noch Spuren der gerade beschriebenen Gemeinde-Geschichte entdecken?

Hinweise zur Gemeindepraxis

Was oben über die Kirche gesagt wurde, trifft auch auf die Gemeinde zu. In der Gemeinde wird sozusagen vor Ort verwirklicht und gelebt, wozu Kirche da ist. Insofern muss hier nicht wiederholt werden, was dort bereits ausgeführt wurde. Wie die Akzente konkret gesetzt werden, kann ganz unterschiedlich sein. So versteht etwa Rolf Zerfaß Gemeinde als „Ort der Hoffnung", für Franz Kamphaus ist sie vor allem „Ort der Freiheit" und Paul Michael Zulehner sieht sie als „Raum des Lebens", in dem die Erfahrung der Auferweckung vom Tod zum Leben prägend ist.[5] Immer geht es darum, dass in der Gemeinde ein Raum des „geöffneten Himmels", der Gegenwart Gottes entsteht, ein Milieu, das geprägt ist von der Praxis des Evangeliums: Menschen kommen in Berührung mit dem Geheimnis Gottes, lassen sich ein auf den Weg Jesu, entdecken die „Freiheit der Kinder Gottes" für sich selbst und fordern sie ein für die anderen, feiern das Leben und den Gott des Lebens und machen sich von dieser Erfahrung bewegt zum Anwalt der Lebenschancen aller, die benachteiligt sind. Sie stehen einander bei in der Bedrängnis, halten beieinander aus, wenn der Kummer das Herz schwer macht, und teilen miteinander Freude und Hoffnung, Trauer und Angst.

Woran erkennt man die Christen?

Dass sie beten und zum Gottesdienst gehen,
dass sie Kirchensteuer zahlen
und einen moralisch einwandfreien Lebenswandel führen?
Dass sie ihre Kinder nicht schlagen
und ihre Frauen nicht betrügen,
dass sie die Bibel zitieren können
und dem Bettler am Weg einen Euro in den Hut werfen?

Woran erkennt man uns Christen?

[5] Vgl. auch: Klaus Roos, Damit Gemeinde lebt. Ein Grundkurs für die Arbeit im Pfarrgemeinderat, Matthias-Grünewald-Verlag, Mainz ^{2}1991, 28–57; Ders.: Damit Pfarrgemeinde gelingt. Gemeindebildung und Gemeindeentwicklung, in: Handbuch für den Pfarrgemeinderat, hg. vom Landeskomitee der Katholiken in Bayern, 1.5, Don Bosco Verlag, München 1996.

An der Güte in unseren Augen
und an der Zärtlichkeit unserer Hände?
An der Behutsamkeit, mit der wir urteilen,
und an unserer heimlichen Sympathie für die Verlierer?
An der Gelassenheit, mit der wir kämpfen,
und an der Leidenschaft, mit der wir lieben?
An der Wärme, mit der wir sprechen,
und an der Geduld, mit der wir zuhören,
an unseren Tränen und unseren Liedern,
unseren Träumen, unseren Wunden?

Woran erkennt man mich als Christ?

Dass ich Angst habe und dennoch hoffe,
enttäuscht bin und trotzdem vertraue,
mich mit Fragen quäle und immer noch glaube.
Dass ich den Weg suche und gleichzeitig gehe,
dass ich um den Tod weiß und mich dennoch freue,
die Menschen kenne und sie trotzdem liebe.
Dass ich das Geheimnis buchstabiere und es GOTT nenne.

Die Stärke und Besonderheit der Pfarrgemeinde als kirchlicher Gestalt und Organisationsform liegt darin, dass sie ein lokales Beziehungsnetz bildet, in dem Menschen so etwas wie Beheimatung finden. Gerade die Gruppen und kleinen Gemeinschaften einer Pfarrgemeinde sind ein Beziehungsangebot, das ein Gegengewicht sein kann zur Anonymität und Zweckorientiertheit einer Leistungsgesellschaft, die an der Funktion von Menschen interessiert ist, aber nicht an ihrer Seele, an ihrer Person. Wer zu einer Pfarrgemeinde gehört, ist eingebunden in dieses lebendige Kommunikationsfeld der Glaubensgemeinschaft und hat gleichzeitig Anschluss an die oft jahrhundertealte Geschichte des Christentums an diesem Ort. Andreas Wollbold nennt nicht umsonst die Pfarreien „das Elefantengedächtnis der Kirche".[6]

6 Andreas Wollbold, Handbuch der Gemeindepastoral, Verlag Friedrich Pustet, Regensburg 2004, 48.

Damit sind Pfarrgemeinden Räume der Verwurzelung: im Leben und im Glauben. Deshalb spielen sie auch eine besondere Rolle in der Glaubensvermittlung. Denn in der Gemeinde wird gelebt und gezeigt, erfahren und praktiziert, was es heißt, Christ zu sein. Hier kann man hineinwachsen in das Lebenswissen der Christen, in den Vollzug des Glaubens, in die Gemeinschaft der Glaubenden. Neben der Familie ist die Pfarrgemeinde deshalb einer der wichtigsten Lernorte des Glaubens.

Kennzeichen und Herausforderung einer Pfarrgemeinde ist ihre Vielfalt. Hier treffen sich nicht nur Gleichgesinnte, Menschen, die in ihren Interessen, ihrem Bildungsstand, ihrem Alter, ihrer Art, zu leben und zu glauben, übereinstimmen. Pfarrgemeinde – das ist eine bunte Mischung: Alte und Junge, Reiche und Arme, Konservative und Fortschrittliche, Professoren und Arbeiter, Bäuerinnen und Beamte gehören zur selben Pfarrgemeinde. Die Putzfrau kniet in der Kirche neben dem Firmenchef, die Schülerin gibt ihrem Lehrer den Friedensgruß, der Arbeitslose reicht dem Bürgermeister die hl. Kommunion. Das mag zwar ein wenig sozialromantisch klingen, aber es trifft den Kern. Von Beginn an zeichnete es die Christengemeinden aus, dass hier soziale und kulturelle Schranken aufgehoben wurden. „Bei euch aber soll es nicht so sein" (Mk 10,43), sagte Jesus im Blick auf die Praxis der Mächtigen und Angesehenen. Und berühmt geworden ist das Bild des Paulus, der die Gemeinde mit einem Leib vergleicht, an dem alle Glieder wichtig sind (1 Kor 12,27). Ja, an diesem Leib Christi verdienen gerade die schwächeren und weniger edlen Glieder besondere Achtung und Wertschätzung. Diese Balance von Vielfalt und Einheit ist die große Herausforderung, aber auch der große Reichtum einer Pfarrgemeinde. Es ist deshalb immer ein Verlust, wenn unsere Kerngemeinden sich verengen auf ein bestimmtes bürgerliches Milieu, wenn sie zunehmend vergreisen, weil sie die Jugend verlieren, wenn der eigenartige „Stallgeruch" für Außenstehende signalisiert: Hier ist für euch kein Platz.

Anregung:

⇨ Vergleichen Sie das, was hier über Gemeinde gesagt wurde, mit einer real existierenden Pfarrgemeinde, zum Beispiel mit der, in der Sie leben oder arbeiten. Welche Übereinstimmungen und welche Unterschiede fallen Ihnen auf?

3.3 Verbände als Kirche in der Gesellschaft und Gesellschaft in der Kirche

Gemeinde ist nicht alles ...

Die Pfarrgemeinde ist die hauptsächliche Sozialform von Kirche. Sie ist „Kirche vor Ort", wo das gelebt und verwirklicht wird, was Kirche ausmacht: Verkündigung des Evangeliums, Feier des Glaubens, Dienst an den Menschen und Aufbau einer geschwisterlichen Gemeinschaft.
Es gibt aber auch bedeutsame nichtgemeindliche Kirchenstrukturen. Unter ihnen kommt den Verbänden eine besondere Rolle zu. Wenn Sie selbst in einem kirchlichen Verband engagiert sind, ist Ihnen vielleicht für Ihr Engagement in der Kirche diese Mitgliedschaft im Verband sogar wichtiger als die Zugehörigkeit zu Ihrer Pfarrgemeinde. Viele Verbände sind als „Basisbewegungen" im 19. Jahrhundert entstanden. Nach der Säkularisation war das kirchliche Leben durch staatliche Einflussnahme reglementiert. Angesichts dieser Umklammerung der Pfarreien und Diözesen durch den Staat suchten die Katholiken nach neuen Organisationsformen, um ihrer Kirche wieder zu mehr Bewegungsfreiheit zu verhelfen. Sie nutzten dazu die neuen bürgerlichen Freiheiten und machten von dem frisch erkämpften Recht Gebrauch, Versammlungen abzuhalten und Vereinigungen zu gründen. Das war die Geburtsstunde der Verbände. Als Laieninitiativen außerhalb der klassischen Kirchenstrukturen entwickelten sie sich zu einer neuen Organisationsform des Katholizismus.

Verbände als sozialer, kultureller oder politischer Arm der Kirche ...

Häufig waren soziale Problemlagen Auslöser für die Gründung von Verbänden, zum Beispiel die Arbeiterfrage oder die Not der wandernden Handwerksgesellen. Neben sozialpolitischen oder caritativen Aufgabenstellungen widmeten sich Verbände auch kulturellen Zielsetzungen, wie etwa der Borromäusverein, der sich für die Verbreitung guter Lektüre und die Entwicklung einer Lesekultur einsetzte. Manche Verbandsgründungen wurden vorgenommen, um die Interessen bestimmter Stände besser vertreten zu können: So entstanden Frauenbund, Landvolkbewegung, Familienbund – freie Initiativen von Bürgerinnen und Bürgern, die das gesellschaftliche Leben aus katholischem Geist und nach katholischen Werten mitgestalten wollten und die ihre politischen, sozialen oder kulturellen Vorstellungen einbringen wollten in die Gestaltung von Kirche und Staat.

Wenn Verbände älter werden ...

Die Rahmenbedingungen haben sich inzwischen verändert. Staatskirchentum und Kulturkampf sind Vergangenheit. Die Unabhängigkeit der Kirche muss nicht mehr durch verbandliche Freiheitsbewegungen erkämpft werden. Insofern haben die Verbände ihren Gegner verloren. Auch die sozialen und kulturellen Probleme der Ursprungszeit haben sich verschoben oder werden mittlerweile vom staatlichen Sozial- und Bildungssystem professionell bearbeitet. Insofern haben die Verbände manchmal auch ihre einstige Aufgabe verloren. An Herbergen für wandernde Handwerksburschen besteht eben heute kein Bedarf mehr. Wenn Verbände nicht nur Traditionspflege betreiben wollen, müssen sie ihren Gründungsimpuls und ihre ursprüngliche Aufgabe in die heutige Zeit übersetzen. Die Berufsförderungszentren, die etwa das Kolpingwerk heutzutage betreibt, um Jugendlichen mit schlechten Startbedingungen einen Berufseinstieg zu ermöglichen, sind eine gelungene Adaption des Anliegens Adolph Kolpings in die Gesellschaft von heute. Der Zündfunke aus der Startzeit lässt sich nicht so leicht konservieren. Der gesellschaftliche und kirchliche Rahmen hat sich gewandelt, der konkrete Anlass ist längst Vergangenheit und die charismatischen Gründerfiguren existieren nur noch in der Erinnerung. Dies und die Zurückhaltung heutiger Menschen gegenüber festen Bindungen haben manche Verbände in eine Krise gebracht. Überalterung und Unsicherheit in Bezug auf Aufgabenstellung und kirchliche Rolle sind die Folge. Der Aufschwung der Gemeindeidee und die nachkonziliare Einrichtung von Laiengremien verschärften die Identitätskrise der Verbände.

Denkanstoß:

⇨ Welche Verbände gibt es in Ihrer Pfarrgemeinde? Welches „Profil" lassen sie erkennen?

Verbände – nur noch Ladenhüter?

Zunächst muss noch einmal festgehalten werden: Kirche ereignet sich in Pfarrgemeinden, aber erschöpft sich nicht in diesen.[7]

[7] Eine bedenkenswerte grundsätzliche Kritik am herkömmlichen Gemeindekonzept findet sich in: Herbert Haslinger, Lebensort für alle. Gemeinde neu verstehen, Patmos Verlag, Düsseldorf 2005.

Verbände sind eine besondere Organisationsform von Kirche, eine Weise, wie sich das Volk Gottes sammelt, Gemeinschaft bildet und sich für bestimmte Anliegen einsetzt. Verbände sind keine Personalgemeinden, sind auch nicht „Ortskirche", wohl aber ein kirchlicher „Ort", ein freier, nicht vom kirchlichen Amt errichteter Zusammenschluss von Christen, die ihrer in Taufe und Firmung gründenden Sendung als Volk Gottes auf besondere Weise nachkommen wollen.

Die katholischen Verbände wirken mit am Sendungsauftrag der Kirche und gehören damit unverzichtbar zur kirchlichen Pastoral.

Die Kirche ist ja – wie wir gesehen haben – nicht für sich selber da, sondern hat eine Sendung für die Welt. Das Volk Gottes hat den Auftrag, *„dass es das Licht des Evangeliums bringt und dass es dem Menschengeschlecht jene Heilskräfte bietet, die die Kirche selbst, vom Heiligen Geist geleitet, von ihrem Gründer empfängt. Es geht um die Rettung der menschlichen Person, es geht um den rechten Aufbau der menschlichen Gesellschaft."* (LG 3)

Die Verbände nehmen auf eine besondere Weise diesen Dienst wahr. Sie sind die Brücke zwischen Kirche und Gesellschaft. Ihre Position wurde schon 1978 vom Zentralkomitee der deutschen Katholiken mit der Überschrift gekennzeichnet: „In der Kirche zu Hause – offen für die Gesellschaft." Verbände machen gesellschaftliche Themen und Fragestellungen in der Kirche präsent und bringen gleichzeitig christlich-kirchliche Sichtweisen und Wertpositionen in die Gesellschaft ein. Katholische Verbände, so wird es oft formuliert, sind „kirchliche Strukturen in der Gesellschaft und gesellschaftliche Strukturen in der Kirche". Sie sind die Antwort auf die Differenzierung der Gesellschaft und bündeln das kirchliche Engagement für bestimmte Zielgruppen oder für bestimmte Anliegen. Dabei verbünden sie sich mit jenen nichtkirchlichen gesellschaftlichen Kräften und Bewegungen, die ähnliche Ziele verfolgen und sich für dieselben Belange einsetzen.

Der innerkirchliche Ort der Verbände

Die meisten Verbände sind primär dem kirchlichen Grundvollzug „Diakonia" zuzuordnen; denn sie leisten einen Dienst am Menschen und an der Gesellschaft und tragen damit dazu bei, den diakonischen Grundauftrag der Kirche zu verwirklichen. Gleichzeitig sind sie ein Ort der Gemeinschaft, wo Menschen in Kontakt treten miteinander, sich gemeinsam engagieren, Geselligkeit pflegen und Bindungen eingehen. Damit machen sie in einer beziehungsarmen, funktional organisierten Gesellschaft ein Beziehungsangebot und tragen bei zu jener „Communio“, die ein Kennzeichen des Gottesvolkes ist (vgl. LG 4). Auch im Bereich der Verkündigung kommt den Verbänden Bedeutung zu; denn sie bemühen sich um Glaubensvertiefung ihrer Mitglieder und geben durch ihr diakonisches Engagement und ihr christliches Zeugnis in der Gesellschaft Rechenschaft von der Hoffnung und dem Glauben der Kirche.

Verbände müssen sich verbünden

Ein erster Blick in die aktuelle katholische Verbändelandschaft zeigt ein Bild der Vielfalt und Buntheit, erzeugt aber auch den Eindruck von Doppelungen, Konkurrenz und Unübersichtlichkeit. Nachwuchsmangel, Mitgliederschwund und Bedeutungsverlust veranlassen Verbände manchmal zu unguter Konkurrenz. Alles, was irgendwie attraktiv sein könnte, wird angeboten, um den immer enger werdenden Markt abzuschöpfen, unabhängig vom eigenen Verbandsprofil und der Gründeridee. So gräbt man sich gegenseitig das Wasser ab, und personelle und finanzielle Ressourcen verpuffen. Verbände müssen anfangen, wirklich zu kooperieren, nicht nur in Form von Interessensgemeinschaften und Dachverbänden, sondern in der praktischen Arbeit und der gegenseitigen Absprache, wer wo welche Felder besetzt und welche zugunsten des anderen frei lässt.

Ein Spannungsfeld ist auch das Verhältnis zwischen Verband und Pfarrgemeinde. Verbände sind übergemeindlich organisiert, aber ihr Verbandsleben vollzieht sich in der Regel zu einem großen Teil innerhalb einer Pfarrgemeinde. So haben etwa die Kolpingfamilie, die KAB oder der Frauenbund örtliche Gruppen bzw. sind ausdrücklich als Ortsverband organisiert. Nicht selten sind solche Ortsverbände wichtige Träger des gemeindlichen Lebens. Ehrenamtlich tätige Frauen und Männer sind oft zugleich im Pfarrgemeinderat bzw. auf einem anderen gemeindlichen Feld und in einem Verband engagiert.

Verbände dürfen nicht einfach von der Gemeinde „geschluckt“ werden oder selbst ganz in ihrem Gemeindeengagement aufgehen. Sie müssen ihre Eigenständigkeit bewahren als die kirchliche Gruppierung, die ein spezifisches christliches Anliegen in der Gesellschaft verfolgt. Deshalb dürfen sie nicht im gemeindlichen Binnenraum stehen bleiben. Ihre Stärke ist es, über den Tellerrand der Kirche hinauszuschauen in die Gesellschaft und über den Kirchturm der eigenen Pfarrgemeinde hinaus in den Gesamtverband, aus dem Anregungen und Impulse, aber auch Herausforderungen und Aufgaben kommen.

Denkanstöße:

- ⇨ Was hat eine Pfarrgemeinde davon, wenn es in ihr Verbände gibt?
- ⇨ Wenn Verbände nicht einfach eine willkommene „pfarreiliche Hilfstruppe" sein sollen, sondern einen eigenständigen Auftrag haben, wie können sie dann sinnvoll in das Leben der Pfarrgemeinde integriert werden?

3.4 Kirche als Kommunikationsangebot an gesellschaftlichen „Nahtstellen"

Die Kirche kann – so haben wir gesehen – in *territorialer* Gestalt in Erscheinung treten als örtlich umschriebene Pfarrei (als Sonderform gibt es auch sog. Personalpfarreien, wie zum Beispiel Hochschul- oder Klinikgemeinden, in denen nicht ein festes Territorium, sondern eine bestimmte Personengruppe den Rahmen bildet) oder auch auf *kategoriale Weise,* indem sie in verbandlichen oder verbandsähnlichen Strukturen in der Gesellschaft präsent wird, um sich für ganz bestimmte Aufgabenfelder einzusetzen oder bestimmte Zielgruppen anzusprechen: Jugendliche oder Senioren, Arbeitnehmer oder Frauen oder Akademiker usw.
Der Religionssoziologe Michael N. Ebertz vertritt seit Jahren die These, dass die Kirche nicht mehr nur auf die Organisationsform „Gemeinde" setzen dürfe. Viele Menschen ständen so distanziert zur Institution Kirche, dass sie keine Gemeindebindung mehr eingingen und deshalb von den gemeindlichen Angeboten auch nicht erfasst werden könnten. Deshalb sei es nötig, *„Zwischenräume"* zwischen den üblichen kirchlichen Strukturen zu schaffen, um über diese „Nahtstellen" Menschen in Kontakt mit Kirche und Glaube zu bringen. Die Kirche nimmt hier sozusagen kommunikative Gestalt an und tritt als Angebot der Begegnung und Kommunikation in Erscheinung. Deshalb spricht Ebertz auch von der „Kommunikationspastoral" als der Seelsorge der Zukunft. Beispiele sind für ihn „die Passanten- oder Citypastoral, Autobahnkirchen, Wallfahrten, kirchliche Verbände, Bildungswerke, Akademien und Exerzitienhäuser, Klöster und Ordenshäuser,

kirchenmusikalische Veranstaltungen, Kindergärten, Kirchen- bzw. Katholikentage und kirchliche Beratungsstellen", aber auch „Schüler-, Kranken-, Kur-, Gefangenen-, Soldaten-, Touristen- und Camper-, Messe-, Medien- und Buch- oder Lesepastoral".[8]
In der Tat begegnen heute viele Menschen der Kirche nicht mehr in den Räumen oder bei den Angeboten einer Pfarrgemeinde. Die Liturgie ist ihnen fremd, Sakramentenspendung nehmen sie nicht in Anspruch und aus dem Gemeindeleben mit seinen Gruppen und Kreisen, seinen Veranstaltungen und Festen haben sie sich längst ausgeklinkt bzw. waren überhaupt nie richtig in dieses Netzwerk integriert. Vielleicht kommen sie aber in einem Gesprächsladen oder über die Telefonseelsorge mit der Kirche in Kontakt, finden im Umfeld eines kirchlichen Bildungshauses oder eines Klosters eine geistige oder sogar geistliche Heimat, begegnen als Patient im Krankenhaus oder als Urlaubsreisender einem Seelsorger, einer Seelsorgerin und kommen dadurch in Berührung mit Fragen des Lebens und Themen des Glaubens, erfahren Hilfe, erleben Gemeinschaft und begegnen in diesen „Zwischenräumen" einer Kirche, die sich in erster Linie als „Kommunikation des Evangeliums" versteht.
Auch aus demographischen und – daraus resultierend – finanziellen Gründen kann die flächendeckende geistliche Versorgung über Pfarrgemeinden nicht in der erforderlichen Qualität aufrecht erhalten werden.[9] Deshalb wird es strategisch immer wichtiger, Schlüsselpositionen mit Leuchttürmen christlicher Strahlkraft zu besetzen. Die weniger werdenden Kräfte müssen konzentriert werden auf den Aufbau von *„Inseln gelingender Kirchlichkeit"*.[10]

[8] Michael N. Ebertz, Kirche im Gegenwind. Zum Umbruch der religiösen Landschaft, Verlag Herder, Freiburg 1997,142.

[9] „Das flächendeckende Prinzip, das mit der Dominanz der Parochie verbunden ist, ist eines der teuersten denkbaren Organisationsprinzipien einer Institution." Uta Pohl-Patalong, Gemeinde. Kritische Blicke und konstruktive Perspektiven, in: Pastoraltheologie (94) 2005, 242–257, hier: 257.

[10] Thies Gundlach, Wohin wächst die Kirche? Von der Generalzuständigkeit zu Zentren gelingender Kirchlichkeit, in: Pastoraltheologie 94 (2005), 217–230, hier: 224.

Denkanstoß:

⇨ Welche „Zwischenräume“ dieser Art gibt es im Umfeld Ihrer Pfarrgemeinde? Was wissen Sie über diese Einrichtungen? Welche Menschen treten dort mit der Kirche in Kontakt?

3.5 Geistliche Bewegungen und Kleine Christliche Gemeinschaften

Eine weitere Lebensform und -gestalt von Kirche sind die geistlichen Bewegungen, die in den letzten Jahrzehnten an Bedeutung gewonnen haben. Es sind spirituelle Intensivgruppen, die Menschen zu einer Glaubensentscheidung führen wollen und sie in ihrer Glaubenserfahrung bestärken. Gleichzeitig verstehen sie sich als Weg der Gemeindeerneuerung; denn einer spirituell kraftlos gewordenen Pfarrgemeinde ermöglichen sie eine geistliche „Frischzellenkur“. Neokatechumenale Bewegung und Geistliche Gemeinde-Erneuerung, Sant' Egidio und Schönstattbewegung, Cursillo und Fokolare – das sind nur einige Gruppierungen, die in der Regel zu den geistlichen Bewegungen gezählt werden. Eine systematische Einteilung ist schwierig und hier ist nicht der Ort, alle diese Bewegungen aufzuzählen, geschweige denn vorzustellen.
Im Folgenden sollen deshalb nur einige Merkmale aufgezählt werden, die viele dieser Bewegungen teilen:

- Es geht um den persönlichen Glauben, um die Hinführung zu einer existentiellen Lebensentscheidung für Christus – als Alternative zum durch die religiöse Sozialisation „automatisch“ erworbenen Christsein, das mehr Gewohnheit und Äußerlichkeit ist als bewusste Umkehr.
- Dementsprechend spielt oft auch die Tauferneuerung bzw. das bewusste Leben aus der Taufe und aus den Sakramenten eine wichtige Rolle.
- Die Spiritualität ist oft stark von der Geisterfahrung geprägt. Der Atem Gottes, der Heilige Geist, ist es ja, der Menschen belebt, durchströmt und erneuert. Glauben heißt: sich diesem Geist zu öffnen, sich von ihm heilen und verwandeln zu lassen, aus ihm zu leben.
- Das freie Gebet, besonders das Lob- und Preisgebet, ist die ganz aus dem Herzen kommende Antwort auf das Geschenk des Geistes. Gebetsgottesdienste und Gebetskreise nehmen deshalb einen wichtigen Platz ein im Leben der geistlichen Bewegungen.

- Eine besondere Rolle spielt die Heilige Schrift. Sie ist die Quelle des Glaubens. Aus ihr spricht Gott selbst. Sein Wort gilt es zu hören, nach seinem Wort gilt es zu handeln.

Aus dieser groben Beschreibung wird bereits sichtbar, dass die geistlichen Bewegungen in der Tat einen wichtigen Beitrag zur Belebung des Glaubens und zur Erneuerung der Gemeinden leisten können. Entscheidend kommt es allerdings darauf an, dass die Verbindung mit der Pfarrgemeinde wirklich gelingt. Geistliche Gemeinschaften stehen mitunter in der Gefahr, die Betonung zu sehr auf die individuelle und existentielle Seite des Glaubens zu legen und dabei den Gemeinschaftsgedanken zu wenig im Blick zu haben. Dann wird aus den Mitgliedern unter Umständen eine elitäre Gruppe, die sich nicht in den Pfarreialltag integrieren kann. Oft wird die private Innerlichkeit gepflegt, aber das soziale und politische Engagement vergessen, wobei es natürlich auch Bewegungen gibt – wie etwa an erster Stelle Sant' Egidio – für die das in keiner Weise zutrifft.

Anregung:

⇨ Verschaffen Sie sich einen Überblick über die geistlichen Bewegungen und Gemeinschaften in Ihrer Region. Nehmen Sie Kontakt auf und informieren Sie sich über die Spiritualität und die praktischen Lebensformen.

Ein ähnlicher Weg der Verlebendigung der Pfarrgemeinde sind die Kleinen Christlichen Gemeinschaften. Dahinter steckt die Überzeugung, dass unsere Pfarrgemeinden mit ihren oft Hunderten oder Tausenden von Mitgliedern dadurch einen Schub an Vitalität erhalten, dass man sie in kleine Gemeinschaften substrukturiert. Das eigentliche kirchliche Leben vollzieht sich in solchen Basisgemeinschaften, in denen Menschen ihr Leben und ihren Glauben miteinander teilen. Die Pfarrgemeinde ist dann eine Gemeinschaft von solchen Gemeinschaften. Der Pfarrgemeinderat wird zum Leitungs- und Koordinationsgremium, in dem die Gemeinschaften ihr Miteinander regeln und gestalten. Nach dem bekannten Konzept des südafrikanischen Pastoralinstituts in Lumko, das inzwischen auch in Asien Fuß gefasst hat und dort weiter entwickelt wurde, sind diese Kleinen Christlichen Gemeinschaften nachbarschaftlich, also durchaus territorial organisiert. Anders als bei den geistlichen Bewegungen finden sich hier nicht spirituelle „Neigungsgruppen" zusammen, sondern die Menschen eines Wohnviertels oder eines Straßenzugs bilden eine Lebens- und Glaubensgemeinschaft, in der das Bibel-Teilen zur Quelle des Zusammenlebens wird, in der man sich gegenseitig hilft, im Glauben bestärkt und miteinander Gottesdienst feiert. Die Einbindung in die Gesamtgemeinde bleibt bestehen und wird vor allem in der gemeinsamen Eucharistiefeier sichtbar, aber das „eigentliche" Gemeindeleben findet an der Basis statt: dort, wo sich das Volk Gottes versammelt, um Leben und Glauben miteinander zu teilen.

3.6 Fazit: Kirche als Netzwerk in vielfältiger Gestalt

Kirche ist die Gemeinschaft der Glaubenden, das von Gott gerufene und in die Welt gesandte Volk. Entscheidend ist ihr „innerer Kern", ihr Auftrag, ihre Sendung: das, wofür sie da ist. Die Organisationsstruktur ist demgegenüber zweitrangig. Sie hat dem Auftrag, der Sendung zu dienen. „Structure follows function" – heißt ein alter organisationstheoretischer Grundsatz: Die Struktur hat sich nach der Funktion zu richten.

Deshalb ist auch der pastoraltheologische Streit der letzten Jahre zu relativieren, ob das Gemeindeprinzip überholt ist und ob man nicht stattdessen auf die genannten „Zwischenräume" setzen müsse. Beides schließt sich doch nicht aus. Man kann Gemeindepastoral nicht gegen Kommunikationspastoral ausspielen. Beides ist nötig. Beides hat Stärken und Schwächen, Chancen und Grenzen.

Die Pfarrei bzw. Gemeinde kann kein Monopol beanspruchen. Nach der Gemeindebegeisterung der 70er-Jahre ist längst Ernüchterung eingetreten. Die umfassende Aktivierung der Gemeindemitglieder ist nicht gelungen. Die Hoffnungen, die man einst auf die Gemeindekatechese gesetzt hatte, haben sich nur zum Teil erfüllt. Es gibt immer noch Versorgungsdenken und privatisierte Gläubigkeit. Die Zahl der Engagierten nimmt ab. Aufgrund der Mobilität der Menschen und der Differenzierung der Gesellschaft ist der Raum, in dem Menschen ihr Leben gestalten, längst nicht mehr mit der örtlichen Pfarrgemeinde identisch. Schon von daher muss in übergreifenden Räumen gedacht werden.

Kirche kann sich nicht mehr in einer einzigen Gestalt präsentieren. So wichtig die Pfarrgemeinde ist – sie muss ergänzt werden durch andere

Strukturen und kirchliche Erscheinungsformen. Als Netzwerk von Pfarreien, Verbänden, übergemeindlichen Kommunikationsangeboten und geistlichen Gemeinschaften gibt sich das Gottesvolk eine vielgestaltige Struktur. Die Ortskirche des Bistums unter der Leitung des Bischofs ist das Dach, unter dem sich ein vielfältiges Leben entwickelt. Die Pfarrgemeinde kann die Basis sein, von der aus viele Brücken zu den anderen kirchlichen „Orten" und „Diensten" führen. Entscheidend ist, dass es Beziehungen und Verbindungslinien gibt, damit ein vielschichtiges Netzwerk entsteht.
Wer an einem Wallfahrtsort seinen Glauben entdeckt hat, sollte den Weg finden können zu einer Pfarrgemeinde, in der er mit anderen zusammen diesen Glauben leben kann. Wem die Pfarrgemeinde zu eng ist und der kirchliche Stallgeruch zu muffig, der findet vielleicht an einer Katholischen Akademie die Weite des Geistes, die er sucht. Netzwerke zu bilden ist deshalb eine Aufgabe der Zukunft. Das wird die neue Form kirchlicher Communio sein.

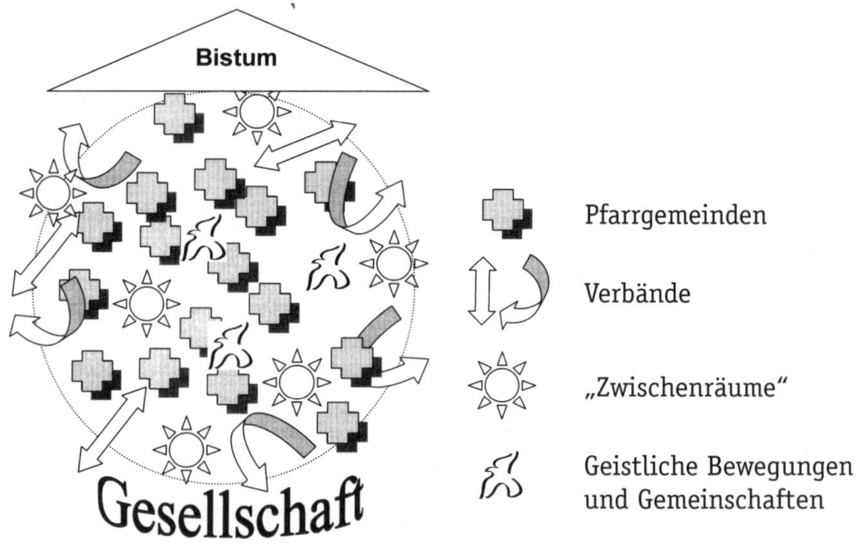

Neue Seelsorgeeinheiten als Herausforderung der Zukunft
Das Bild erscheint schon komplex genug. Aber die Wirklichkeit kennt noch eine Steigerung: Fast alle Diözesen sind in den letzten Jahren dazu übergegangen, größere Seelsorgeeinheiten zu bilden, um dem Priestermangel

organisatorisch zu begegnen. Als Alternative zu Pfarreifusionierungen hat man beispielsweise in der Diözese Würzburg den Weg gewählt, Pfarreiengemeinschaften zu gründen. Mehrere selbständige Pfarreien werden zu einer Pfarreiengemeinschaft verbunden, für die nur noch ein einziger Pfarrer verantwortlich ist. Jede Pfarrei hat ihre Kirchenverwaltung, oft auch einen eigenen Pfarrgemeinderat, sofern man sich nicht entschlossen hat, einen gemeinsamen PGR für die gesamte Pfarreiengemeinschaft zu bilden. Manche Synergieeffekte können erzielt werden. Haupt- und ehrenamtliche Mitarbeiterinnen und Mitarbeiter müssen nicht alles doppelt und dreifach tun. Es gibt natürlich eine Reihe praktischer Probleme, die solche neuen Seelsorgeeinheiten mit sich bringen: Gottesdienste und Sakramentenspendung müssen koordiniert werden, neue Formen der Leitung sind erforderlich, da nur noch in einer der Pfarreien ein Pfarrer am Ort wohnt, die hauptberuflichen pastoralen Mitarbeiterinnen und Mitarbeiter sind in einer Vielzahl von Gremien und Gruppen präsent, haben aber nur noch punktuell Kontakt zu den Menschen der Pfarrgemeinden, da sie nicht gleichzeitig in allen Orten am Alltagsleben teilnehmen können.

Das Grundproblem besteht darin, die richtige Balance zu finden zwischen Eigenständigkeit und Gemeinsamkeit, zwischen dem selbständigen Leben der einzelnen Pfarrgemeinde und den gemeinsamen Aktivitäten der Pfarreiengemeinschaft. Auf der einen Seite kann nicht mehr in jeder Pfarrei das gesamte „Programm" stattfinden. Es gibt oft nicht mehr genügend Jugendliche für eine attraktive Jugendarbeit, nicht mehr genügend junge Familien für Kinderbibelwochen oder Familiengottesdienste. Deshalb muss manches zentralisiert werden. Anzustreben wäre, dass die einzelnen Pfarreien unterschiedliche Schwerpunkte entwickeln und ihr Profil in die Pfarreiengemeinschaft einbringen. So engagiert sich etwa die eine Pfarrei besonders stark in der Gestaltung von ansprechenden liturgischen Feiern, eine andere spezialisiert sich auf Kinder- und Jugendarbeit und die dritte legt besonderen Wert auf diakonische Initiativen, die auf die ganze Pfarreiengemeinschaft ausstrahlen.

Ob auch die Pfarrgemeinderäte zentralisiert werden sollten, ist im Einzelfall zu prüfen. Ein eigener Pfarrgemeinderat kann manchmal eher dazu beitragen, das Engagement der Gemeindemitglieder in einem Dorf zu motivieren, als wenn ein zentrales Gremium die Verantwortung übernimmt. Andererseits sind manchmal kleine Dörfer nicht mehr in der Lage, alle benötigten Gremien und Funktionen ausreichend zu besetzen, so dass die größere Einheit eine Hilfe ist.

In der Phase des Übergangs und der Neustrukturierung scheint mir insgesamt ein Denken in Netzwerken im oben beschriebenen Sinn unerlässlich. Die Einzelpfarrei muss nicht nur über den eigenen Kirchturm hinaus denken und sich für größere Einheiten öffnen, sondern sie muss auch die beschriebenen anderen Lebensformen von Kirche in ein Gesamtkonzept von Seelsorge einbeziehen.

Anregungen:

- ⇨ Stellen Sie für Ihre Pfarreiengemeinschaft, Ihren Pfarrverband oder Ihre Seelsorgeeinheit zusammen, was aus dem Gemeindeleben in der Einzelpfarrei seinen Platz haben soll und was sinnvollerweise auf der größeren Ebene angesiedelt werden sollte.
- ⇨ Verschaffen Sie sich einen Überblick über die Verbände, pastoralen „Zwischenräume", geistlichen Bewegungen und Gemeinschaften im Umfeld Ihrer Pfarreiengemeinschaft. Nehmen Sie mit ihnen Kontakt auf. Entwerfen Sie ein Netzwerk, das als pastorales Gesamtkonzept Zuständigkeiten, Aufgaben und Verknüpfungen beschreibt.

4. Der Pfarrgemeinderat

4.1 Die Wurzeln

Als Lenin in seinen berühmten Thesen vom 4. April 1917 den Leitsatz formulierte: „Alle Macht den Räten", bedeutete dies eine Revolution für die feudal-absolutistische Staats- und Gesellschaftsstruktur des zaristischen Russlands.
Ein halbes Jahrhundert später leitete ein anderes hierarchisches System vorsichtige Reformen ein, indem es Räte installierte: die katholische Kirche. Natürlich orientierte man sich dabei keineswegs an jenem Sowjetmodell – die hierarchische Leitungsstrukur sollte nicht angetastet werden. Und doch hatte das 2. Vatikanische Konzil ganz bewusst eine Tür geöffnet für eine stärkere Beteiligung des ganzen Gottesvolkes an der Leitung der Kirche.

Die zwei Schlüsseltexte dazu finden sich in den Dekreten über die Hirtenaufgabe der Bischöfe in der Kirche („Christus Dominus" = CD) und über das Laienapostolat („Apostolicam actuositatem" = AA): Den Bischöfen wird dringend empfohlen, für ihre Diözese Seelsorgsräte einzusetzen, deren Aufgabe es ist, *„alles, was die Seelsorgsarbeit betrifft, zu untersuchen, zu beraten und daraus praktische Folgerungen abzuleiten"* (CD 27). In einem Rundschreiben der Kleruskongregation vom 25.1.1973, Nr. 12, wird ausdrücklich bestätigt, dass diese Regelung auch auf Pfarreiebene angewandt werden kann.
Das Laiendekret sieht ebenfalls vor, dass in den Diözesen *„beratende Gremien eingerichtet werden, die die apostolische Tätigkeit der Kirche ... unterstützen"* (AA 26), und zwar auf allen Ebenen, also auch in der Pfarrei. Nach jahrhundertelanger „monarchischer" Leitung durch den Klerus gibt es jetzt Laienräte, und zwar gleich im Doppelpack. Es war Aufgabe der Gemeinsamen Synode der Bistümer in der Bundesrepublik Deutschland zu Beginn der 70er-Jahre, diese Konzilsimpulse ins praktische Leben der deutschen Kirche umzusetzen. Und so beschloss man auf Vorschlag der zuständigen Sachkommission, die beiden vom Konzil angeregten Räte auf Pfarreiebene in einem einzigen Gremium zusammenzufassen: dem Pfarrgemeinderat.

4.2 Die „Doppelfunktion" des Pfarrgemeinderats

Der PGR hat demnach zwei Väter, und dieses besondere „Erbgut" begleitet ihn bis auf den heutigen Tag. Von Anfang an befindet er sich in einer rechtlichen Zwitterstellung, die vor allem in der Auseinandersetzung um den Vorsitz und um die Entscheidungskompetenz des Gremiums sichtbar wird. Nach CD 27 steht der Amtsträger an der Spitze des Rates; denn das Gremium ist ein offizielles Organ der Kirchenverfassung mit beratender Funktion. Nach AA 26 handelt es sich um ein außerhalb des Amtes stehendes Laiengremium mit eigener Entscheidungsbefugnis, das auch von einem Laien geleitet werden kann. Die zuständige Sachkommission der Synode versuchte, dieses Dilemma dadurch zu lösen, dass sie ein Beschlussrecht des Pfarrgemeinderats in allen Fragen des pfarrlichen Lebens vorschlug und gleichzeitig dem Pfarrer eine Art Vetorecht einräumte, wenn er aus seiner besonderen pastoralen Verantwortung einem Beschluss nicht zustimmen könne. Im Konfliktfall solle dann eine Schiedsstelle entscheiden.

Die Synode konnte sich zu keiner eindeutigen Lösung durchringen und zog sich mit einer offenen Formulierung aus der Affäre: *„Aufgabe des Pfarrgemeinderates ist es, in allen Fragen, die die Pfarrgemeinde betreffen, je nach Sachbereichen und unter Beachtung diözesaner Regelungen beratend oder beschließend mitzuwirken“* (Verantwortung des ganzen Gottesvolkes für die Sendung der Kirche, III.1.16.2).
Nach der Konzeption der Synode läuft der PGR also auf zwei Beinen: dem „Pastoralratsbein“ nach CD 27 und dem „Laienapostolatsbein“ nach AA 26. Da beide Beine unterschiedlich sind, ist ein hinkender Gang unvermeidlich. In der praktischen Arbeit entsteht dadurch das Problem, dass der PGR bei der Diskussion eines Tagesordnungspunkts nicht immer genau weiß, auf welchem seiner Beine er gerade steht, d. h. ob er in der zur Debatte stehenden Frage als Pastoralrat tätig ist und eine beratende Funktion ausübt oder ob er als Organ des Laienapostolats Entscheidungskompetenz beanspruchen darf.

Ein Beispiel: Wenn etwa Pfarrgemeinderäte dafür plädieren, die Erstkommunion- und Firmkatechese künftig in Kleingruppen durchzuführen, geleitet von dafür ausgebildeten Vätern und Müttern, wie es dem Standard heutiger Sakramentenkatechese entspricht, während der Pfarrer unter Hinweis auf seine theologische Kompetenz und seine pastorale Verantwortung diese Aufgabe wie bisher selbst übernehmen will, in welchen Kompetenzbereich des PGR fällt diese Frage? Gibt er hier als Pastoralrat dem Pfarrer katechetische Ratschläge oder nimmt er seine originäre Verantwortung wahr, das Laienapostolat von Vätern und Müttern zu verwirklichen?

Das Beispiel zeigt, in welches Dilemma der PGR durch seine Zwitterstellung immer wieder gebracht wird. In einem zermürbenden „Stopp and Go“-Verfahren wird er das eine Mal an seine Verantwortung, seine Mündigkeit, seinen Auftrag, Kirche zu sein und Kirche zu gestalten, erinnert, während ihm das andere Mal klare Grenzen der Mitsprache und Mitbestimmung gesetzt werden.

4.3 Im Zick-Zack-Kurs unterwegs

Solche widersprüchlichen Doppelbotschaften werden durch das Kirchenrecht noch verstärkt. Das kirchliche Rechtsbuch, der Codex Iuris Canonici von 1983, amputiert in Can. 536 das „Laienapostolatsbein" des Pfarrgemeinderats und erklärt ihn zu einem reinen Pastoralrat unter Vorsitz des Pfarrers mit ausschließlich beratendem Stimmrecht. ZdK und Deutsche Bischofskonferenz berufen sich demgegenüber darauf, dass der PGR eher als Laienapostolatsgremium im Sinne von AA 26 zu verstehen ist und damit etwas anderes sei als der vom Codex ins Auge gefasste Pastoralrat. Andererseits versuchte die gegen Ende des Jahres 2005 von Bischof Gerhard Müller im Bistum Regensburg durchgeführte Reform der Laiengremien, den Codex-Bestimmungen wieder mehr Gewicht zu geben.

4.4 Das Dilemma

Im praktischen Umgang mit der schwierigen Doppelrolle des Pfarrgemeinderats sind zwei Argumentationsstränge besonders häufig anzutreffen:

1. Das Problem stelle sich gar nicht erst, so wird argumentiert, wenn eine vertrauensvolle Beziehung zwischen Pfarrer und PGR herrsche. Bei einem guten Miteinander seien solche rechtlichen Spitzfindigkeiten überflüssig, ob der PGR nur zu beraten oder auch zu entscheiden habe. Da sei es nämlich selbstverständlich, dass man aufeinander höre, einander ernst nehme und zu einvernehmlichen Lösungen komme. Überhaupt solle man keinen unnötigen Gegensatz zwischen Pfarrer und PGR konstruieren; schließlich sei der Pfarrer auch Mitglied des PGR und nicht sein Gegenüber oder gar sein Gegner.

2. Ein anderer Ansatz versucht, das Problem eher juristisch zu lösen. Die Formulierung der Synode, der PGR habe *„beratend oder beschließend mitzuwirken"*, müsse in den PGR-Satzungen präzisiert und konkretisiert werden, indem genau festzulegen sei, in welchen Aufgabenbereichen dem PGR beratende und in welchen beschließende Kompetenz zukomme.
   So unternimmt etwa die PGR-Satzung der Diözese Würzburg den Versuch, dies genauer festzulegen und kommt in § 4 zu einer gestuften Beteiligung, je nachdem, welche Fragen betroffen sind.

Daraus ergibt sich folgendes Schema:

PGR		
Pastoralrat		**Organ zur Koordinierung des Laienapostolats**
⇩		⇩
beratende	**+**	**beschließende**
	Kompetenz	

- *beschließt* („einvernehmlich“ mit Pfarrer):
  - Festsetzung der pastoralen Schwerpunkte
  - Gottesdienstzeiten an Sonn- und Feiertagen
  - Rahmen und Verlauf kirchlicher Festtage und öffentlicher Gemeindeveranstaltungen

- *muss zustimmen:*
  - Einrichtung von Stellen
  - Berufung von Laien für gottesdienstliche Aufgaben
  - Änderung der Pfarrorganisation

- *wirkt mit:*
  - Gestaltung von Gottesdiensten, Volksmissionen, geistl. Tagen
  - Öffentlichkeitsarbeit
  - Erstellung von Visitationsberichten

- *ist zu hören:*
  - überpfarrliche Angelegenheiten
  - Anstellung oder Entlassung von Personen, Gründung oder Auflösung von pfarrlichen Gruppen oder Organisationen
  - Bauangelegenheiten, Gebäudeausstattung, Nutzungsfragen und Hausordnungen

- *ist zu informieren:*
  - besondere pastorale Situationen
  - überpfarrliche Beschlüsse und Anordnungen
  - besondere Maßnahmen der Jugend- und Erwachsenenbildung und der pfarrlichen Organisationen

---

- Im gesellschaftlichen Bereich ist der PGR eigenverantwortlich tätig

Beide Lösungsversuche sehen etwas Richtiges, haben aber auch ihre Mängel. Es ist wahr, dass viele Fragen sich eher kommunikativ als formal-juristisch lösen lassen. Trotzdem kann nicht alles auf die Beziehungsebene geschoben werden. Klare Verteilung der Zuständigkeiten, Abgrenzung der unterschiedlichen Rollen, Klärung der Aufgaben und Kompetenzen ist für das Funktionieren einer komplexen Organisation unerlässlich. Insofern ist der Weg durchaus richtig, hier eine satzungsmäßige Präzisierung zu versuchen, auf die man vor allem in Streitfällen zurückgreifen kann. Doch auch die Schwierigkeit, die beiden „Beine" zu unterscheiden, wurde bereits angesprochen. Eine klare Trennung zwischen „Heilsdienst" und „Weltdienst", wie sie gelegentlich versucht wurde, ist nicht möglich. Der Dienst an den Menschen und an der „Welt" ist ja gerade der zentrale Heilsauftrag, den die Kirche hat, und daran mitzuwirken ist zutiefst Berufung und Sendung des ganzen Gottesvolkes. Deshalb greift jede Aufgabenteilung zu kurz, die den Klerus als für die Kirche und die Laien als für die Welt zuständig erklären will.
Wir müssen feststellen: An der beschriebenen „Doppelrolle" des Pfarrgemeinderats haben sich bis heute alle Satzungsexperten die Zähne ausgebissen. Denn das Problem hat einen harten Kern: Er besteht darin, dass es der Kirche noch nicht vollständig gelungen ist, die Ekklesiologie des 2. Vatikanischen Konzils in entsprechende Strukturen und Verfahrensweisen zu übersetzen.

4.5 Ein Lösungsweg

Der Ausgangspunkt: Kirche als „Communio"
Das 2. Vatikanische Konzil hatte mit der Betonung der gemeinsamen Würde und Berufung des ganzen Gottesvolkes eine „Enthierarchisierung" und „Entklerikalisierung" des Kirchenbilds bewirkt. An die Stelle einer innerkirchlichen „Zwei-Klassen-Gesellschaft" von Klerus und Laien trat nun die fundamentale Gleichheit aller Getauften. Doch nicht nur die inneren Grenzen zwischen Klerus und Laien wurden aufgehoben, auch nach außen, im Verhältnis zur Welt, zu den anderen Konfessionen und Religionen fand eine Entgrenzung statt: nicht mehr Abgrenzung und Bekehrungsversuche „von außen", sondern Dialog und solidarische Weggemeinschaft „von innen".

Der Grund für diesen tief greifenden Perspektivenwechsel liegt in einem Wandel des Gottesbildes. Das Konzil überwindet eine einseitig monarchische Gottesvorstellung und orientiert sich am Bild des dreifaltigen Gottes. In der theologischen Fachsprache heißt das: Das Wesen Gottes ist „communio" (Gemeinschaft), die sich in lebendiger Beziehung („communicatio") zwischen Vater und Sohn im Heiligen Geist entfaltet. In Gott selbst gibt es also kein Gefälle der Macht, keine Herrschaft, kein „oben" und „unten", sondern nur die lebendige Spannungseinheit von Liebe und Gegenliebe, von Ruf und Antwort, von wechselseitiger Hingabe.
Diese Sicht wird nun auf die Kirche übertragen. Das Konzil sieht das „Mysterium" der Kirche darin, dass sie selbst zeichenhaft diese trinitarische Beziehungseinheit darstellt und verwirklicht. Eine Kirche, die sich am Vorbild und Urbild des dreieinigen Gottes orientiert, muss auch in ihrer Struktur jene göttliche Communio abbilden. Das heißt: Es darf auch in ihr kein Machtgefälle, kein „oben" und „unten" geben, sondern nur jene herrschaftsfreie „communicatio", die in einem lebendigen Miteinander die spannungsreiche „Einheit in Vielfalt" immer wieder neu zu gewinnen sucht und damit Communio verwirklicht.

Synodales und hierarchisches Prinzip – ein notwendiger Balanceakt

Diese theologische Theorie der Kirche über ihr eigenes Selbstverständnis muss nun praktisch umgesetzt werden. Der Pfarrgemeinderat und die anderen Räte sind ein erster Versuch, Instrumente zu entwickeln, mit deren Hilfe das Gottesvolk seine Verantwortung für die Sendung der Kirche wahrnehmen kann. Dabei erklärt der Theologe Medard Kehl das *„Ineins von synodaler und ‚hierarchischer' Verfassung"* zum *„Strukturprinzip"* der Kirche.[11] Das bedeutet: In der kirchlichen Struktur, vor allem auch in der Leitungsorganisation, muss sowohl die gemeinsame Verantwortung des ganzen Gottesvolkes zur Geltung kommen wie auch die besondere Rolle und der spezifische Auftrag des kirchlichen Amtes. Der Pfarrgemeinderat verkörpert dann sozusagen das synodale Element und macht sichtbar, dass die Gemeinde selbst Subjekt des Handelns ist und zunächst einmal als ganze dafür Verantwortung trägt, dass sie ihrer Berufung gerecht wird und ihre Sendung erfüllt. Das hierarchische Element kommt zum Ausdruck im

[11] Medard Kehl, Die Kirche. Eine katholische Ekklesiologie, Echter Verlag, Würzburg ³1994, 104.

Amt des Pfarrers. Es verweist darauf, dass die Gemeinde nicht einfach „demokratisch“ organisiert ist nach dem Motto: „Alle Gewalt geht vom Volke aus“, sondern dass sie rückgebunden und verwiesen ist auf ihren Grund und Ursprung Jesus Christus.
So sehr also gilt, dass die Gemeinde selbst Subjekt ihres Handelns ist, so ist sie doch nicht einfach „ihr eigener Herr“. Im priesterlichen Amt wird die Verwiesenheit der Gemeinde auf ihren wahren Herrn Jesus Christus zeichenhaft sichtbar. Der Amtsträger ist *in* der Gemeinde und steht ihr doch auch *gegenüber*, so wie Christus in seiner Gemeinde gegenwärtig und zugleich Haupt des Leibes ist. Synodales und hierarchisches Prinzip stehen also in einer lebendigen Spannungseinheit einander gegenüber. Der Balanceakt ist m. E. bisher nicht gelungen, dies auch in eine rechtliche und strukturelle Form zu bringen.

Denkanstoß:

⇨ Der Pfarrer beruft sich gemäß dem Kirchenrecht auf seine „Hirtengewalt“ in der Pfarrgemeinde und begründet dies theologisch damit, dass er Christus in der Gemeinde repräsentiert. Wie können Sie als Pfarrgemeinderat Ihre Mitverantwortung und Ihr Mitspracherecht ebenfalls theologisch begründen?

Stolpersteine und Sackgassen

Alle Macht den Räten? Davon kann in der Kirche nicht die Rede sein. Die Waage ist keineswegs ausbalanciert. Weder Diözesanrat noch Diözesanpastoralrat haben beispielsweise die Befugnis, rechtsverbindliche Beschlüsse zu fassen. Diözesanes Recht setzt allein der Bischof. Auch in der Pfarrgemeinde bleibt der Pfarrer die Schlüsselfigur. Das bedeutet nicht, dass die Zusammenarbeit nicht in vielen Fällen hervorragend gelingt. Wo Kommunikation und Kooperation funktionieren, spielt das rechtliche Gefälle keine Rolle. Oft aber gibt es deutliche Schieflagen:

- Pfarrgemeinderäte sind sich ihrer Verantwortung und ihrer Rolle nicht bewusst. Sie verharren in kleruszentrierter Versorgungsmentalität, engagieren sich zwar bei der Organisation des Pfarrfestes und der Fronleichnamsprozession, halten sich aber in pastoralen Fragen für nicht zuständig.

- Pfarrer akzeptieren den Pfarrgemeinderat nicht als Gremium synodaler Mitbestimmung. Sie wollen das Heft des pastoralen Handelns nicht aus der Hand geben und sich nicht in die Karten schauen lassen.
- Manchmal kippt die Waage aber auch auf die andere Seite: Pfarrgemeinderäte missverstehen ihre Rolle als demokratisches Leitungsgremium mit unbeschränkter Entscheidungskompetenz.
- Pfarrer nehmen ihre amtliche Leitungsrolle nicht wahr und legen die Regie des Gemeindelebens ganz in die Hand des Pfarrgemeinderates. Die Mitglieder des PGR sind damit überfordert, und in der Gemeinde kann ein Führungsvakuum entstehen, in dem sich allerlei „Untermieter der Macht" (W. Dreier) einnisten.
- Schieflagen entstehen auch, wenn Pfarrgemeinderäte sich so verengt auf innerkirchliche Fragen konzentrieren, dass darüber der „Weltauftrag" des Laienapostolats vergessen wird. In den letzten Jahren hatten wir die paradoxe Situation, dass die Laienräte zunehmend innerkirchliche Reizthemen besetzten, während sich die Bischöfe „zur wirtschaftlichen und sozialen Lage in Deutschland", „zu Chancen und Risiken der Mediengesellschaft" oder zur „Zukunft der Schöpfung" äußerten (vgl. Sutor).

Mut zu Reformen

Der Slogan: „Alle Macht den Räten" wird in der Kirche nur Kopfschütteln hervorrufen. Beide Seiten werden betonen, dass es ihnen überhaupt nicht um Macht geht, sondern um den Dienst am Reich Gottes. Und doch wird erbittert darum gestritten, ob etwa in einer PGR-Satzung formuliert werden darf: *„Der Pfarrgemeinderat ist das Leitungsgremium der Pfarrgemeinde."* Ob man es wahrhaben will oder nicht: In dem alten Streit, ob der PGR „nur beratend" an der Gemeindeleitung mitwirkt oder auch beschließende Kompetenz hat, verbirgt sich trotz aller Dementis die Machtfrage. Nach dem Communio-Modell kann diese Macht nur dialogisch, kommunikativ und unter respektvoller Einbeziehung der Betroffenen ausgeübt werden. Das ist nicht allein eine Sache der Gesinnung. Ohne Strukturreformen und neue Beteiligungsmodelle wird die Balance zwischen synodalem und hierarchischem Prinzip nicht herzustellen sein.
Es geht nicht darum, alle Macht den Räten zu übertragen, sondern um Beteiligung und Mitbestimmung des Gottesvolkes in den Fragen, die es selbst betreffen. Die Rolle des Pfarrgemeinderats muss dabei gestärkt und präzi-

siert werden. In der jetzigen Konstellation ist seine Wirksamkeit durch drei strukturelle „Bremsen" beeinträchtigt:

- die unklare Doppelrolle als Pastoralrat und Organ des Laienapostolats mit unterschiedlichen Kompetenzen,
- das Übergewicht des kirchlichen Amtes und damit des hierarchischen Prinzips,
- die Aufgabenteilung mit der Kirchenverwaltung bzw. dem Verwaltungsrat, die dazu führt, dass in den Finanz- und Vermögensfragen, die für das praktische Gemeindeleben oft von großer Bedeutung sind, der Pfarrgemeinderat nicht zuständig ist. (Meines Wissens ist allein die Diözese Rottenburg-Stuttgart der Empfehlung der Synode gefolgt und hat dem PGR auch die Finanz- und Vermögenshoheit übertragen.)

Deshalb ist der These Joachim Eckarts zuzustimmen, der in seiner Doktorarbeit zu dieser Frage fordert, das Kirchenrecht müsse *„dahingehend geändert werden, dass der Pfarrgemeinderat als ‚Pastoralrat' nunmehr prinzipiell Entscheidungsrecht erhält"* (Eckart, 317). Allerdings halte ich es dann für notwendig, dass als „Gegengewicht" dem Pfarrer als Amtsträger ein „Vetorecht" eingeräumt wird, wie es die Sachkommission der Synode damals schon gefordert hat. Im Grunde sind wir in den mehr als 30 Jahren seitdem hier nicht weitergekommen. Es wäre an der Zeit, den alten Faden wieder aufzunehmen und konstruktiv weiterzuspinnen.[12]

[12] Vgl. dazu folgende Literaturhinweise:
Joachim Eckart, Pfarrgemeinderat und Kooperative Pastoral. Eine pastoraltheologische Untersuchung am Beispiel der Diözese Speyer, EOS Verlag, St. Ottilien 1998; Kurt Koch, Synodales und hierarchisches Prinzip in der Kirche, in: Lebendige Seelsorge 45 (1994), 89–95; Klaus Roos, Damit Gemeinde lebt. Ein Grundkurs für die Arbeit im Pfarrgemeinderat, Matthias-Grünewald-Verlag, Mainz ²1991; Klaus Roos, Art. „Pastoralrat" in: LThK Bd. 7, ³1998, Sp. 1443f; Bernhard Sutor, Amt und Rat. Wie könnten synodale Strukturelemente in der Kirche aussehen?, in: Stimmen der Zeit 125 (2000), H. 1, 29–38.

TEIL II: GEMEINDE GESTALTEN

Es kommt nicht darauf an, die Welt zu verstehen und zu interpretieren, sondern darauf, sie zu verändern. Mit diesem Vorwurf kritisiert Karl Marx die Philosophie, die angeblich im Denken stecken bleibe, aber das Handeln vergesse. In diesem Buch soll das Handeln nicht vergessen werden. Schon die „Theorie" im ersten Teil hat immer wieder sichtbar gemacht, welche praktischen Konsequenzen ein bestimmtes Gottesbild, ein bestimmtes Kirchenbild, ein bestimmtes Gemeindebild haben.
Jetzt soll noch stärker die Gemeindepraxis in den Blick genommen werden. Denn wer sich ehrenamtlich engagiert – sei es im Pfarrgemeinderat, in einem Verband oder sonst einem kirchlichen Aufgabenfeld – will ja mitgestalten, will etwas bewegen, etwas verändern. Gemeinde soll lebendiger werden, näher bei den Menschen sein und näher am Evangelium. Mitarbeit soll Freude machen und Menschen sollen ermutigt werden, ihre Fähigkeiten einzubringen. Die Gemeinde soll etwas ausstrahlen von der Güte und Menschenfreundlichkeit Gottes und von der Weite des Geistes, den Gott uns geschenkt hat. Dazu trägt auch bei, dass Hauptberufliche und Ehrenamtliche ihre Aufgaben professionell und effektiv erfüllen, dass sie mit ihrer Fachkompetenz und ihrer Spiritualität den Weg der Gemeinde begleiten und gestalten.
Wo aber soll man den berühmten Hebel ansetzen? Was ist mir wichtig, wenn ich das Amt eines Pfarrgemeinderats übernehme oder in sonst einer Funktion Verantwortung trage? Worauf achte ich vor allem, womit fange ich an, worauf konzentriere ich meine Kraft? Welche „Weichenstellungen" sind erforderlich, damit Gemeinde lebt?
Natürlich gibt es hier viele Vorschläge, wie es auch entsprechend viele Gemeindekonzepte gibt. Die folgenden Hinweise sind deshalb eine Auswahl: ein Ausschnitt meiner Praxis und meiner Erfahrungen. Das Kostbarste, das wir haben, sind aus meiner Sicht die Menschen: die Mitarbeiterinnen und Mitarbeiter, zu denen vermutlich auch Sie als Leser bzw. Leserin dieses Bu-

ches gehören. Wenn sie von einer wirklichen Vision erfüllt und durchdrungen sind, können Berge versetzt werden. Dazu bedarf es einer Leitung, die Visionen zum Leuchten bringt, Charismen fördert und Entwicklungsprozesse anstößt und steuert. Davon wird im Wesentlichen dieser zweite Teil handeln.

5. Qualitätsentwickung

Betrachten wir die Kirche mit dem soziologischen Auge wie ein „normales" Dienstleistungsunternehmen, dann ist ein entscheidender Faktor, damit das Unternehmen floriert und sich auf dem Markt behaupten kann, die Qualität der Dienstleistung. Es mag ungewohnt klingen, aber auch in der Kirche hängt die Überzeugungskraft unserer Botschaft und unserer Gemeinschaft zu einem nicht geringen Teil von der Qualität unserer Verkündigung, unseres sozialen Engagements, unserer liturgischen Feiern, unseres geschwisterlichen Umgangs- und Arbeitsstils ab. Der Theologe Rolf Schieder betont deshalb zu Recht: „Die beste Mission der Kirchen besteht in einer hohen Qualität ihrer klassischen Tätigkeiten."[13] Leider lässt die Qualität in vielen Bereichen oft zu wünschen übrig. Das reicht von der schlecht vorbereiteten Sitzung über die mangelhafte Öffentlichkeitsarbeit bis zu lieblos und ideenlos abgespulten Gottesdiensten. Deshalb soll dieser zweite Teil mit einem Plädoyer für mehr Qualität beginnen.

5.1 Wie machen das die Unternehmen?

Qualitätssicherung ist ein Schlüsselbegriff moderner Unternehmensführung. Wenn die Ware nichts taugt, findet sie keinen Käufer. Das gilt auch für Dienstleistungsbetriebe. Nur zufriedene Kunden und Kundinnen garantieren dauerhaften Absatz. Mangelhafte Qualität ist tödlich für die Nachfrage. Deshalb waren im produzierenden Gewerbe früher eigene Kontrolleure tätig, die am Ende des Fertigungsprozesses die Produkte auf ihre

[13] Zitiert nach: Thies Gundlach, a.a.O. 223.

Qualität hin überprüften. Der „Ausschuss“ wurde aussortiert, gegebenenfalls konnte nachgebessert werden. Dieses Verfahren war kostspielig und hatte zudem die psychologische Nebenwirkung, dass sich nicht die „Produzierenden“, sondern die Kontrolleure für die Qualität verantwortlich fühlten. Geradezu revolutionär war deshalb der Ansatz eines umfassenden Qualitätsmanagements, das alle Beteiligten des Fertigungsprozesses in die Qualitätssicherung einbezog. Mit den Kunden werden die Qualitätskriterien festgelegt und alle Mitarbeiterinnen und Mitarbeiter des Unternehmens übernehmen Verantwortung für die Qualität der Ware oder Dienstleistung. Eigene Kontrolleure braucht man jetzt nicht mehr. „Total Quality“-Programme sichern in allen Phasen eine fehlerfreie Abwicklung. In so genannten „Qualitätszirkeln“ werden ständig Verbesserungen erarbeitet und Fehlerquellen beseitigt. Qualitätshandbücher dokumentieren die Standards und die Verfahrensschritte, die zur Sicherung der angestrebten Qualität entwickelt wurden. Am Ende winkt dann die Zertifizierung nach ISO-Norm, das Gütesiegel hohen Qualitätsniveaus.

5.2 Qualität in der Pastoral?

„Erfolg ist keiner der Namen Gottes“. Mit diesem Wort von Martin Buber wird oft die innerkirchliche Qualitätsdebatte zum Schweigen gebracht, noch bevor sie überhaupt richtig begonnen hat. Das scheint auf den ersten Blick durchaus plausibel. Nach welchen Kriterien soll man den Erfolg eines Seelsorgsgesprächs beurteilen? Wonach bemisst sich die „Qualität“ einer Eucharistiefeier oder eines Bibelabends?
Seelsorgerinnen und Seelsorger schätzen ihre Arbeit meist rein subjektiv ein. Sie haben nach der Predigt „ein gutes Gefühl“ oder ein schlechtes, aber sie verfügen über keine objektiven Maßstäbe, mit denen sie ihr Urteil begründen könnten. So „wursteln“ wir uns mit bewundernswertem Eifer, aber auch unglaublichem Dilettantismus durchs Kirchenjahr. Qualitätskontrollen sind unbekannt. Scheinbar kein Hahn kräht danach, ob ein Priester seine Liturgie blutleer und rubrizistisch abspult oder ob ein Pfarrgemeinderatsvorsitzender seine Gremienkolleginnen und -kollegen mit nebensächlichen und für das Gemeindeleben unerheblichen Themen langweilt. Der gute Wille genügt. Nach dem Ergebnis fragt keiner. Nur die leise Abstimmung mit den Füßen, wenn die Kirchen immer leerer werden, zeigt, dass die „Kunden“ auf ihre Weise reagieren: Sie wandern ab.

5.3 Qualitätssicherung als Daueraufgabe

Im Caritasbereich wird die Professionalisierungsdebatte seit Jahren geführt. In der Pastoral ist die Lage zwiespältig: Auf der einen Seite verlangen Gemeindeleitung und Seelsorge heute hochqualifizierte Profis, auf der anderen Seite sind wir keine Expertenkirche. Die „Verantwortung des ganzen Gottesvolkes für die Sendung der Kirche" ist ein ekklesiologisches Grundprinzip, das eine Trennung zwischen Amateuren und Profis gerade ausschließt. Trotzdem darf damit nicht die Einfallslosigkeit vieler Gottesdienste und die magere Substanz vieler Predigten entschuldigt werden. Der Respekt vor Gott und vor den Menschen verbietet es, dass wir uns mit minderwertiger Qualität unserer „religiösen Dienstleistungen" zufrieden geben.
Fragwürdig ist für mich in diesem Zusammenhang auch der Einsatz ausländischer Priester, wenn ihre sprachlichen Fähigkeiten nicht ausreichen, um ein so kommunikationsintensives und sprachlich sensibles Geschehen wie eine liturgische Feier angemessen zu gestalten.

Zwei Bedingungen für Qualität sind besonders wichtig:

- Qualitätssicherung setzt voraus, dass wir unsere Ziele kennen. Ziele müssen so formuliert werden, dass sie überprüfbar sind. D. h. ich muss angeben können, woran ich merke, dass das Ziel erreicht worden ist. Damit sind erste Qualitätskriterien benannt, nach denen ich meine Arbeit beurteilen kann. Auch die Prinzipien meines Handelns müssen klar sein: Parteinahme für den Menschen, freiraumgewährender und partnerschaftlicher Umgangsstil, Deutung des Lebens im Horizont des Geheimnisses „Gott", Orientierung an Jesus – oder was auch immer für meine Seelsorge bestimmend ist. Nur wenn ich eine Messlatte habe, kann ich die Qualität pastoraler Praxis bestimmen.

- Qualitätszirkel sind im Grunde nichts anderes als ein organisiertes Dauer-Feedback. Wenn ich als Person lernen will oder wenn eine Organisation lernen soll, braucht es dazu Feedback-Schleifen. Das heißt: Prozesse und Abläufe müssen ständig ausgewertet werden. Die beste Messlatte nützt nichts, wenn sie nicht angelegt wird. Pastorale Erfolge tun gut, aber die Wirkung verstärkt sich und bekommt Nachhaltigkeit, wenn reflektiert wird, was die Faktoren waren, die zu dem Erfolg geführt haben. Andererseits ist auch ein Misserfolg keine Katastrophe, wenn ich die Chance nutze, aus den Fehlern zu lernen. Es sollte deshalb kein Dienstgespräch, keine Pfarrgemeinderatssitzung, keine Teambesprechung geben, ohne dass Rückschau gehalten wird auf das, was war. Kritische Reflexion und systematische Auswertung sind Kernpunkte der Qualitätssicherung. Dass im Alltagsgeschäft dafür kaum Raum bleibt, mag einer der Hauptgründe sein, warum die Qualität kirchlicher Dienstleistung oft so viel zu wünschen übrig lässt.

Anregung:
Probieren Sie doch eine solche Auswertung gleich einmal aus, indem Sie einen Qualitäts-Check zur PGR-Arbeit durchführen. Unter anderem können dabei folgende Fragen hilfreich sein:

- ⇨ Wissen wir, was unsere Aufgabe als PGR ist? Kennen wir unsere Rolle, unseren Auftrag als Gremium der Gemeinde?
- ⇨ Wie verlaufen unsere Sitzungen? Wie ist der Umgangsstil? Wie wird Leitung wahrgenommen? Welche Ergebnisse erzielen wir?
- ⇨ Wie werden diese Ergebnisse dokumentiert, wie öffentlich gemacht? Wie wird die Umsetzung unserer Beschlüsse kontrolliert?
- ⇨ Wie läuft der Informationsfluss? Werde ich als PGR-Mitglied ernst genommen und bekomme rechtzeitig die erforderlichen Informationen, damit ich mitreden kann?
- ⇨ Wie funktioniert die Zusammenarbeit mit dem Pfarrer, den Hauptamtlichen, dem Dekanats- und Diözesanrat? Wie ist das Klima untereinander?
- ⇨ Wie gelingt die Einbindung in die Pfarrgemeinde? Haben wir genügend Kontakt zu den Menschen? Kennt die Gemeinde ihren Pfarrgemeinderat? Gibt es wechselseitigen Austausch? Vertreten wir das Gottesvolk?
- ⇨ Beschäftigen wir uns mit den richtigen Fragen, oder halten wir uns mit Nebensächlichkeiten auf? Spielen Glaube, Theologie und Spiritualität eine Rolle in unseren Sitzungen und Debatten?
- ⇨ Welche Ziele haben wir? Wie sind sie zustande gekommen und wie werden sie begründet? Arbeiten wir nach diesen Zielen? Kontrollieren wir die Zielerreichung?

6. Personalentwicklung

Es bedurfte in den Betrieben einer groß angelegten Schulungskampagne, um die Mitarbeiterinnen und Mitarbeiter mit dem neuen Denken vertraut zu machen, dass sie selbst Verantwortung übernehmen müssen für die Qualität ihrer Produkte oder Dienstleistungen. Statt der Fixierung auf ein eng umschriebenes Ressort wurde jetzt die Blickerweiterung für das Ganze verlangt. Mit der Verantwortung – das zeigte die Erfahrung – stiegen aber auch die Motivation und das Engagement. Natürlich mussten dafür auch neue Kompetenzen erworben werden. Interne Fortbildung und Personalentwicklung hatten Hochkonjunktur.
Die Übertragung auf das kirchliche Arbeitsfeld liegt auf der Hand. Prozesse der Glaubensvermittlung, seelsorgliche Zuwendung, liturgische Feiern und gemeindebildende Maßnahmen hängen in hohem Maße von der persönlichen Ausstrahlung und der kommunikativen Fähigkeit der Akteure ab. Personalentwicklung bleibt dabei aber nicht auf den Bereich der sog. Hauptamtlichen beschränkt. Das große Potential der ehrenamtlichen Mitarbeiterinnen und Mitarbeiter ist eine der wichtigsten Ressourcen für die Zukunft der Kirche. Dieses Potential zu pflegen und zu entwickeln ist eine vorrangige Führungsaufgabe. Im Unterschied zu weltlichen Unternehmen spielt dabei aber das Bewusstsein eine zentrale Rolle, dass es sich hier letztlich um Gaben des Geistes Gottes handelt, um von Gott geschenkte Charismen, die nicht einfach bildungsmäßig „erzeugt" werden können, sondern die entdeckt und behutsam entwickelt werden müssen.

6.1 Erste Hinweise

- So wichtig es ist, für klar umschriebene Aufgaben geeignete Mitarbeiterinnen und Mitarbeiter zu suchen, so empfehlenswert ist es aber auch, manchmal den umgekehrten Weg zu gehen: sich die Menschen genau anschauen, die für die Mitarbeit zur Verfügung stehen, sich in sie einfühlen und ihren Charismen nachspüren und dann nach der Aufgabe suchen, die zu ihnen passt.

- Fortbildung und Qualifizierung haben hohe Priorität. Investitionen in die Qualität des Personals zahlen sich aus. Seelsorge ist heute oft Mitarbeiterseelsorge. Dasselbe gilt für die spirituelle Begleitung.
- Mitarbeitergespräche zur Zielvereinbarung, zur Auswertung und Perspektivenentwicklung gehören zum Grundbestand der Personalführung. Auch Ehrenamtliche erleben es als Wertschätzung und Ausdruck professionellen Engagements, wenn man sie nicht einfach „wursteln" lässt, sondern ihre Arbeit kritisch begleitet und damit ernst nimmt.
- Die „Identifikation mit dem Unternehmen" ist ein wichtiges Ziel jeder Personalentwicklung. Solche Identifikation entsteht vor allem durch Beteiligung. Wer Mitverantwortung übertragen bekommt, wer beteiligt ist an der Formulierung der Ziele und an der Entwicklung der Aufgaben, wird sich stärker engagieren als jemand, der sich nur als „Rädchen im Getriebe" erfährt.

6.2 Motivation für ehrenamtliches Engagement in der Kirche

Nach der bundesweiten Studie „Freiwilligensurvey 2004" engagieren sich in Bayern 37 % der über 14-Jährigen ehrenamtlich. Das sind 3,7 Millionen Menschen, die in einem Verband, einer Einrichtung, einem Verein oder sonst einer Organisation eine Aufgabe übernehmen. An der Spitze liegt dabei der Sport (22,5 %), mit einigem Abstand folgen die Bereiche „Religion und Kirche" (12,5 %), „Freizeit und Geselligkeit" (12 %) und „Kultur und Musik" (10 %).
Immerhin war schon 1998 jeder zweite Deutsche über 18 Jahren Mitglied eines der über 200.000 Vereine oder Verbände. Volkswirtschaftlich gesehen beträgt der Marktwert der jährlich unbezahlt geleisteten Arbeit mehr als 50 Milliarden Euro. Das bürgerschaftliche Engagement ist bis heute ein Grundpfeiler der Demokratie.
Kein Wunder, dass der damalige Bundespräsident Roman Herzog im Jahr 1997 den „Tag des Ehrenamts" eingeführt hat und dass die UNO das Jahr 2001 zum „Jahr der Freiwilligen" erklärte. Jugendverbände und Jugendringe führten Ehrenamtlichkeitsnachweise ein („JugendleiterCard"), mit deren Hilfe bestimmte Vergünstigungen erworben werden sollen, an den bayerischen Gymnasien kann dem Abiturzeugnis eine Seite beigelegt wer-

den, die ehrenamtliches Engagement dokumentiert, und in Verbänden und Parteien gibt es seit Jahren Überlegungen, ehrenamtliche Tätigkeit über Steuerfreibeträge, Rentensteigerung o. Ä. zu honorieren.

Die Gründe, warum sich Menschen – auch in der Kirche, ehrenamtlich engagieren, sind vielschichtig. Sie handeln nicht nur aus einer reinen Pflichtethik heraus oder „um der Sache willen", sondern auch, weil sie sich einen persönlichen Nutzen erhoffen. Die Motive lassen sich nach drei Richtungen entfalten:

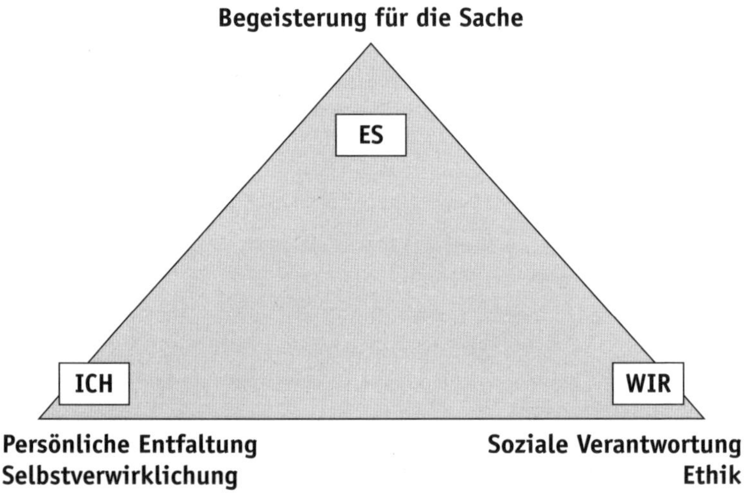

Mit der ehrenamtlichen Tätigkeit kann *persönliche Entfaltung* verbunden sein, das angenehme Gefühl, etwas Sinnvolles zu tun, oder die Gelegenheit, sich öffentlich darzustellen und entsprechende Anerkennung zu ernten.
Die Motivation kann aber auch aus der *sozialen Verantwortung* kommen, aus einer ethischen Einstellung, die verlangt, dass hier der persönliche Einsatz zugunsten anderer Menschen gefordert ist.
Schließlich ist auch die *„Begeisterung für die Sache"* ein Motiv, das ehrenamtliche Tätigkeit begründet. Wer gerne singt und sich für Kirchenmusik begeistert, findet darin genügend Anreiz, um sich im Kirchenchor, in der Schola oder in der Jugendband zu betätigen.

Dabei kann der *Glaube* in allen Fällen ein tragender Grund oder ein inspirierendes Motiv sein: Ich kann entdecken, dass ich als Kommunionmutter in meinem eigenen Glauben bereichert bin, wenn ich mich an den Katechesen beteilige. Ich kann die Verpflichtung spüren, mich dem Krankenbesuchsdienst anzuschließen, weil die heilende und befreiende Praxis Jesu zum Maßstab für mein Leben geworden ist. Ich kann persönlich ergriffen sein von der Feier der Liturgie und mich von daher als Wortgottesdienstleiter engagieren.

In der Regel liegt dem ehrenamtlichen Einsatz ein Motivbündel zugrunde. Dabei zeigt sich ein dreifacher Trend:

- Viele Mitarbeiterinnen und Mitarbeiter legen Wert darauf, auch selbst von ihrem Engagement zu profitieren: indem sie sich qualifizieren, soziale Anerkennung gewinnen oder in ihrer Tätigkeit einen Ausgleich zum Beruf finden und sonst ungenutzte Talente entfalten können.
- Zum Zweiten sind dauerhafte oder gar zeitlich unbegrenzte Verpflichtungen weniger attraktiv als die Mitarbeit in zeitlich befristeten Projekten.
- Drittens schließlich steigt die Motivation zu ehrenamtlicher Tätigkeit in dem Maße, in dem Eigenverantwortung und Selbständigkeit zugelassen werden: Je verantwortungsvoller eine Aufgabe ist, umso attraktiver kann sie sein. Umgekehrt tragen unklare Erwartungen und Aufgabenstellungen, bevormundender und wenig Wertschätzung vermittelnder Umgangsstil oder sinnlos und freudlos erlebte Tätigkeiten zur Demotivierung bei und lähmen die Bereitschaft, sich ehrenamtlich in der Pfarrgemeinde zu engagieren.

Denkanstöße:

⇨ Überprüfen Sie Ihre eigene Motivation für Ihr ehrenamtliches Engagement. Wo würden Sie sich selbst einordnen?

⇨ Was motiviert Ihrer Einschätzung nach die anderen Mitarbeiterinnen und Mitarbeiter Ihrer Pfarrgemeinde bzw. Ihres Verbandes oder Ihrer Einrichtung?

⇨ Wodurch wird diese Motivation gestärkt, wodurch beeinträchtigt?

Folgerungen für die Begleitung ehrenamtlicher Mitarbeiterinnen und Mitarbeiter

- Die Form des Ehrenamts wandelt sich: Trend zu zeitlich begrenztem Engagement mit absehbarem Erfolg (Projektarbeit!).
- Wer sich engagiert, erwartet auch für sich selbst einen Gewinn: persönliche Entfaltung, Qualifizierung, soziale Kontakte, „Spaß“.
- MitarbeiterInnen sehen ihre Rolle nicht darin, „Helfer“ oder „Helferinnen“ zu sein. Sie wollen Mitverantwortung übernehmen, mitreden und mitentscheiden. Ihre fachliche Kompetenz muss zum Zuge kommen dürfen. Ihre ekklesiologische Bedeutung als Mitglieder des Gottesvolkes, das seine Verantwortung für die Sendung der Kirche wahrnimmt, muss respektiert werden.
- Aufgaben und Erwartungen müssen transparent gemacht werden, Entscheidungswege, Zuständigkeiten und Informationsfluss müssen klar sein. Gegebenenfalls wird ein Vertrag über die Mitarbeit geschlossen.
- Es muss eine regelmäßige Auswertung der Arbeit im Sinne eines „controlling“ sicher gestellt werden: Sind die vereinbarten Ziele erreicht worden? Wo wird Unterstützung benötigt? Welche Erfahrungen wurden gemacht? Wo gibt es Erkenntnisse, Vorschläge, Kritik? Empfehlenswert sind regelmäßige Mitarbeitergespräche, in denen solche Fragen thematisiert werden. Dabei muss auch die Frage nach dem persönlichen Befinden des Mitarbeiters bzw. der Mitarbeiterin und der „Arbeitszufriedenheit“ einen Platz haben.
- Wer sich ehrenamtlich engagiert, sollte nicht nur als MitarbeiterIn gesehen, sondern muss auch als Mensch wahrgenommen werden: mit der eigenen Lebensgeschichte, den persönlichen Gefühlen, den Sorgen, dem eigenen Glauben.
- Es muss eine Kultur der Anerkennung entwickelt werden, aber auch eine Kultur des Dialogs und des Umgangs mit Konflikten. Dazu gehört auch ein Klima der Fehlerfreundlichkeit und der Ermutigung.
- Ehrenamtliche müssen vor Überforderung und Überlastung geschützt werden. Bei verletzender Kritik aus der Gemeinde sollten sie von der Leitung Rückendeckung bekommen.

6.3 Mitarbeiter gewinnen und begleiten

Wenn hiermit die Rahmenbedingungen geklärt sind, die ehrenamtliches Engagement unterstützen und fördern, kann eine Frage aufgegriffen werden, die Hauptamtliche und Ehrenamtliche gleichermaßen bewegt: Wie finden wir neue Mitarbeiter? Denn das ist ja eine viel beklagte Erfahrung der letzten Jahre: Immer weniger engagierte Mitarbeiterinnen und Mitarbeiter bekommen immer mehr Aufgaben übertragen. Dadurch verlieren sie die Lust, fühlen sich ausgenutzt, überfordert oder ausgebrannt. Mitarbeitergewinnung und Mitarbeiterbegleitung gehören heute zu den zentralen Leitungsaufgaben eines Pfarrers, eines Vereinsvorstands oder eines Pfarrgemeinderatsvorsitzenden.

Dabei geht es nicht zuerst darum, kostengünstige Arbeitskräfte zu rekrutieren und bei Laune zu halten. Das Einbringen der Charismen, das heißt der persönlichen Begabungen, die aus der Sicht des Glaubens Gaben des Heiligen Geistes sind, gehörte schon in der Urkirche zu den christlichen Grundaufgaben. Vor allem nach dem paulinischen Gemeindemodell lebt eine christliche Gemeinde davon, dass jeder mit seinen Fähigkeiten zum Gemeindeleben beiträgt. Es sind für Paulus „Gnadengaben", die in verschiedenen Diensten an und in der Gemeinde sichtbar werden sollen: *„So hat Gott in der Kirche die einen als Apostel eingesetzt, die andern als Propheten, die dritten als Lehrer; ferner verlieh er die Kraft, Wunder zu tun, sodann die Gaben, Krankheiten zu heilen, zu helfen, zu leiten, endlich die verschiedenen Arten von Zungenrede …" (1 Kor 12,28)*

Das paulinische „Ur-Bild" der christlichen Gemeinde ist nicht die von hauptamtlichen Profis versorgte und betreute Pfarrei, sondern die lebendige Gemeinschaft unterschiedlicher Christen, die mit ihrer Begeisterung und ihrem Glauben, ihrem Wissen und ihrem Können Gemeinde gestalten und füreinander da sind. Dies widerspricht aber der üblichen Servicementalität in einer Dienstleistungsgesellschaft. Wer es ganz selbstverständlich gewohnt ist, gegen entsprechende Beiträge von der Krankenkasse oder dem ADAC mit Dienstleistungen versorgt zu werden, wird diese Einstellung nicht einfach ablegen, wenn er in den Raum der Kirche wechselt, zumal ja auch hier hauptamtliches Personal und bürokratische Strukturen anzutreffen sind. Die Forderung, selbst aktiv zu werden, gerät deshalb schnell zur Überforderung. Moralischer Druck in Form von Mitmach-Appellen reicht selten aus, um eine gesellschaftlich gestützte und privat verinnerlichte Dienstleistungsmentalität umzuwandeln in persönliches Engagement. Deshalb ist die Gewinnung und Begleitung von Mitarbeiterinnen und Mitarbeitern eine schwierige Aufgabe, die als Dauerauftrag ganz oben auf der Prioritätenliste der Gemeindeverantwortlichen steht.

Zehn Regeln für die Gewinnung von MitarbeiterInnen

1. *Scheue dich nicht, andere um Mitarbeit zu bitten!*
   Selten wird dies jemand übel nehmen. Im Gegenteil: Das Selbstvertrauen wird gestärkt, wenn jemand erlebt, dass er/sie gebraucht wird und dass man ihm/ihr diese Aufgabe zutraut.

2. *Spiele mit offenen Karten!*
   Versuche nicht, jemanden für eine Aufgabe „herumzukriegen"! Respektiere die Freiheit des/der anderen und akzeptiere auch ein Nein, ohne beleidigt zu sein.

3. *Gib eine klare Aufgabenbeschreibung!*
   Wer mitarbeiten will, möchte wissen, worauf er/sie sich einlässt. Je klarer die Erwartungen sind, desto leichter kann sich jemand für oder gegen eine Mitarbeit entscheiden.

4. *Begrenze die Mitarbeit auf einen überschaubaren Zeitraum!*
   Niemand soll sich auf Lebenszeit verpflichten. Eine Zusage fällt leichter, wenn die Mitarbeit nach ein paar Monaten oder Jahren enden darf. Für zeitlich begrenzte Projekte, z. B. Mitarbeit in der Firmkatechese oder Organisation eines Adventsbasars, finden sich leichter Mitarbeiterinnen oder Mitarbeiter als für Daueraufgaben.

5. *Bitte nicht um „Handlangerdienste", sondern um partnerschaftliche Mitarbeit!*
   Eine Aufgabe reizt mehr, wenn sie mit eigenständiger Verantwortung verbunden ist. Die Kompetenzen müssen jedoch klar abgesprochen sein: Wo kann der Mitarbeiter, die Mitarbeiterin selbst entscheiden, wo müssen andere Personen oder Gremien einbezogen werden, wer muss informiert werden, wo ist Koordination erforderlich?

6. *Biete Begleitung an!*
   Niemand soll sich überfordert fühlen. Gerade am Anfang sind „Starthilfen" wichtig – zum Beispiel in Form einer guten Einführung. Mitarbeit setzt auch entsprechende Fortbildungsmöglichkeiten voraus, die

zur Wahrnehmung der Aufgabe qualifizieren. Auch sonst müssen AnsprechpartnerInnen da sein, die um Hilfe angegangen werden können: von der Fachberatung bis zur Supervision.

7. *Vermeide Einzelkämpfertum!*
   Wenn irgend möglich, sollte eine Aufgabe in Teamarbeit angegangen werden. Schon Jesus schickte seine Jünger zu zweit auf den Weg. Das schützt vor Überforderung, bereichert durch zusätzliche Ideen und macht außerdem mehr Spaß.

8. *Verfahre nicht nach dem „Christbaumprinzip"!*
   Wer schon eine Aufgabe hat, soll nicht noch mit weiteren „geschmückt" werden. Achte deshalb auf die persönliche Situation eines Mitarbeiters/einer Mitarbeiterin und auf die „Charismen", die ihn für eine bestimmte Aufgabe besonders geeignet erscheinen lassen.

9. *Mitarbeit muss Spaß machen!*
   Deshalb ist auch die menschliche Atmosphäre, sind die persönlichen Beziehungen und die soziale Anerkennung wichtig. Bei aller Ernsthaftigkeit sollte es doch auch „locker" zugehen. Geselligkeit und zwanglose Gemeinschaft fördern die Freude an der Arbeit.

10. *Sorge auch für eine spirituelle Vertiefung der MitarbeiterInnen!*
    Ihr Engagement ist Dienst an den Menschen, Dienst an der Gemeinde – im Namen Gottes. Dies sollte immer wieder sichtbar werden. Dann wachsen auch innere Gelassenheit und Freude an der Mitarbeit. Wo Menschen davon etwas ausstrahlen, werden auch andere angesteckt und als neue MitarbeiterInnen gewonnen.

Diese Regeln sind für die Gemeindeverantwortlichen wichtig, die in erster Linie für die Mitarbeitergewinnung und -begleitung zuständig sind. Das Klima und der Umgangsstil hängen aber auch wesentlich vom Verhalten der Mitarbeiterinnen und Mitarbeiter untereinander ab. Konkurrenzdenken, Rechthaberei, persönliche Profilierungssucht und verbissener Perfektionismus belasten die Arbeitsatmosphäre und demotivieren. Wertschätzung, Hilfsbereitschaft und Lockerheit fördern dagegen die Freude an der Mitarbeit und vermitteln vielleicht auch anderen Lust, in dieser „Truppe" mitzumachen.
Besonders im Pfarrgemeinderat ist es wichtig, einen Weg zu finden, der die Balance hält zwischen dem „amtlichen" Gremium, das auf der Grundlage

von Satzung und Kirchenrecht Mitverantwortung für die Leitung der Pfarrgemeinde übernimmt, und der Aktivengruppe des Gemeindekerns, die voller Idealismus und Tatendrang das Gemeindeleben managt. Der Pfarrgemeinderat ist weder Honoratiorenkabinett noch pfarrliche Stammtischrunde. Formale Korrektheit und kreative Herzlichkeit, effektive Sacharbeit und gruppenstärkende Beziehungspflege sollten sich verbinden. Wenn dann noch sichtbar wird, dass das Gremium sich im tiefsten auch als Glaubensgemeinschaft begreift, die gemeinsam nach dem Weg sucht, den Gottes Geist seine Gemeinde führen will, dann erweist sich, dass der Pfarrgemeinderat mehr ist als ein Ortsverein oder als „dem Pfarrer sein Club".[14]
Aus all dem ergeben sich

Zehn Wünsche an neue (und alte) PGR-Mitglieder

1. Nimm dein Mandat ernst und bestehe darauf, dass du auch selbst ernst genommen wirst: als Mitglied des Volkes Gottes, das eine wichtige Aufgabe in der Pfarrgemeinde wahrnimmt.

2. Bringe dich in den Sitzungen ein mit deiner Meinung und deiner Sicht der Dinge und verstecke dich nicht hinter Schweigen oder höflichen Floskeln, auch wenn es manchmal ein wenig Mut verlangt und Herzklopfen verursacht, den Mund aufzumachen und Stellung zu beziehen.

3. Respektiere, dass andere anders denken, anders glauben und anders leben als du; freue dich über diese Vielfalt und fasse sie nicht als Bedrohung oder Abwertung deiner eigenen Position auf.

4. Sei bereit, Verantwortung zu übernehmen im Pfarrgemeinderat und in der Pfarrgemeinde; drücke dich nicht davor, auch einmal konkret mitanzupacken, wenn du gebraucht wirst, scheue dich aber auch nicht, nein zu sagen, wenn du dich überfordert oder überlastet fühlst bzw. im Augenblick Wichtigeres zu tun hast.

5. Trage zu einem guten „Klima" und zu einem freundlichen, unverkrampften Umgangsstil bei durch deine Offenheit, deinen Humor, deine natürliche Herzlichkeit und deine Bereitschaft zur Versöhnung.

[14] Vgl. Klaus Roos, „Was macht ihr denn üwerhaupt in dem Pfarrer seim Club?" Zur Rolle des Pfarrgemeinderats in der Gemeinde, in: Praxis in der Gemeinde 13 (1991) H. 2, 20–22.

6. Sei kritisch und lass dich nicht mit Antworten abspeisen, die dich nicht überzeugen, aber nörgle nicht an allem herum und versteife dich nicht darauf, alles besser zu wissen; gebrauche nie die Killerargumente: „Das geht bei uns nicht" oder: „Das war schon immer so".
7. Hab keine Angst vor Konflikten und kehre sie nicht unter den Teppich, aber trage bei zu einer Streitkultur, die Meinungsverschiedenheiten sachlich austrägt und darauf achtet, dass bei allem Streit um die Sache die persönliche Beziehung und das gegenseitige Wohlwollen nicht beschädigt werden.
8. Nutze deine beruflich oder privat erworbenen Kompetenzen, um die Effektivität und „Professionalität" der PGR-Arbeit voranzubringen.
9. Ergreife Initiativen für die Ziele, die dir wichtig sind, denke mit, plane mit, gestalte mit, aber verfalle keinem Aktionismus, der unreflektiert und zielblind den Gemeindebetrieb ankurbelt.
10. Lass die spirituelle Quelle deines Tuns nicht austrocknen und trage dazu bei, dass der PGR seine geistliche Wurzel pflegt und sich von ihr immer wieder neu Kraft und Inspiration für die Arbeit holt.

7. Gemeindeentwicklung

7.1 Veränderung als Lebensgesetz

„Panta rhei" – alles ist im Fluss", lautet ein berühmter Ausspruch des griechischen Philosophen Heraklit. Und Karl Rahner sagte im Blick auf Christen und Kirche: „Wenn wir uns nicht bewegen, werden wir bald die Nachhut sein." Veränderung, Entwicklung ist ein Lebensgesetz. Und selbst wenn wir uns nicht bewegen wollten: Die Welt um uns bewegt sich doch. Die Veränderungen, die etwa meine Generation erlebt hat, sind gigantisch:

Als ich 1953 geboren wurde, fuhren auf deutschen Straßen etwa eine halbe Million Personenwagen. Heute sind es fast 100-mal so viel. Das Fernsehen war erst ein Jahr vorher öffentlich eingeführt worden, natürlich nur in Schwarz-Weiß und nur mit einem einzigen Programm, einige Stunden am Tag. Heute können wir etwa 30 Programme empfangen, rund um die Uhr und in Farbe.
Dafür werden heute in Deutschland nur noch halb so viele Kinder geboren wie damals, aber ihre durchschnittliche Lebenserwartung ist mittlerweile um 10 Jahre gestiegen.
Die Wäsche hat man in den 50er-Jahren noch im Kessel gekocht und mit der Waschbürste bearbeitet. Man kannte keine Papierwindeln und keine Taschenrechner, die Antibabypille war noch nicht erfunden und auch nicht der Bikini, die Landwirte mähten ihr Gras und ihr Getreide noch mit der Sense, und die Besitzer eines Telefons konnte man fast noch an der Hand abzählen.
Als ich geboren wurde, waren wir noch weit entfernt von Computertechnologie und Flügen zum Mond, von Kernkraftwerken und Laseroperationen. Man kannte weder die Seuche AIDS noch das geklonte Schaf Dolly. In der Schule trugen die Mädchen noch Röcke, die Gottesdienste hielt man in lateinischer Sprache und die Maß Bier kostete in Bayern nicht ganz 90 Pfennig, etwa die Hälfte dessen, was ein Arbeiter durchschnittlich in der Stunde verdiente.
Während wir als Erstklässler noch mit Schiefertafel und Griffel zur Schule gegangen sind und unsere Schreibfeder ins Tintenfässchen tauchten, macht sich heute das Kultusministerium darüber Gedanken, schon die Grundschüler flächendeckend mit Laptops auszustatten.

Eine einzige Generation musste den Wandel verkraften vom Pferdefuhrwerk zum Jumbo-Jet, vom Ausrufen der Dorfnachrichten durch den Gemeindediener mit der Schelle zum weltweiten Datenaustausch im Internet.

7.2 Gesellschaftlicher Wandel: Von der „geschlossenen“ zur „differenzierten“ Gesellschaft – Pluralisierung, Individualisierung und die Folgen

Wenn Soziologen die gesellschaftliche Entwicklung der letzten Jahrzehnte beschreiben, wählen sie dafür die Überschrift: Von der „geschlossenen“ zur „differenzierten“ Gesellschaft. Was meinen sie damit?
Jahrhunderte lang war unser Gesellschaftssystem von einer festen Ordnung geprägt. Jeder hatte seinen Platz (vgl. etwa die Zünfte und Stände im Mittelalter), wusste, wo er hingehört und wie man sich an diesem Platz verhält; die Regeln waren allgemein anerkannt, das Christentum bildete das gemeinsame Dach oder das gemeinsame Fundament und sorgte für eine einheitliche Weltanschauung und verbindliche Werte.

> *Wenn in den 50er-Jahren ein Kind von der Schule nach Hause kam und berichtete, es habe vom Lehrer eine Ohrfeige bekommen, musste es möglicherweise damit rechnen, vom Vater oder von der Mutter noch eine dazu zu bekommen. In vielen Familien herrschten einfach die selben Spielregeln wie in der Schule und in der Öffentlichkeit.*

Heute ist diese Ordnung aufgelöst. Die Gesellschaft splittet sich auf in unterschiedliche Teilbereiche, in denen verschiedene Spielregeln gelten: Wirtschaft, Kultur, Politik, Wissenschaft, Religion ... Das Christentum ist ein Teilbereich unter vielen. Sein Weltanschauungsmonopol hat es längst verloren. Es hat Konkurrenz bekommen auf dem Markt der Lebensdeutungen und Sinnangebote. Die Soziologen sprechen von der „Pluralisierung“ unserer Gesellschaft. Ein gemeinsames Fundament oder Dach existiert nicht mehr. Unterschiedliche Wertvorstellungen und Weltbilder prallen aufeinander. Was sich gehört, wie man lebt, ob man Kreuze in die Schule hängen, am Sonntag arbeiten oder Kinder im Mutterleib töten darf – darüber gibt es widersprüchliche Auffassungen.

Die Folgen für die Menschen und für die Kirche

Die Folgen für die Position der Kirche in der Gesellschaft und für das Verhältnis der Menschen zur Kirche sind gravierend: Bereits auf den ersten Blick fällt auf, dass sich die Kirchenbindung erheblich gewandelt hat, was sich zum Beispiel am Rückgang des Kirchenbesuchs zeigt. Im Jahr meiner Geburt gingen in meiner Heimatstadt noch über 50 % der Katholiken regelmäßig in den Sonntagsgottesdienst. Heute ist der Anteil auf unter 15 % gesunken. Aber nicht nur das äußere Verhalten, auch die innere Einstellung hat sich geändert. Nur 11 % aller Deutschen haben großes Vertrauen zur katholischen Kirche. Das ergab die Online-Studie „Perspektive Deutschland", die 2003 veröffentlicht wurde. Die beste Bewertung erhielt der ADAC mit 76 %. Greenpeace, die private Krankenversicherung und andere Organisationen genießen höheres Vertrauen als die Kirche.

Die Auswirkung der gesellschaftlichen Pluralisierung auf das Lebensgefühl und die Lebensgestaltung der Menschen wird gewöhnlich mit dem Schlagwort „Individualisierung" zusammengefasst. Das System der „geschlossenen Gesellschaft" bot Orientierung und Sicherheit, konnte aber auch schnell zur Zwangsjacke für den Einzelnen werden. Im System der „differenzierten Gesellschaft" hat zunächst die Freiheit zugenommen, aber um den Preis, dass Sicherheit und Orientierung verloren gegangen sind. Weil mir niemand mehr meinen Platz zuteilt, muss ich ihn selber suchen. Da es keine selbstverständlichen Traditionen mehr gibt und die Gesellschaft somit dem einzelnen Menschen kein allgemein anerkanntes Lebensmuster mehr bereitstellen kann, in das er nur hineinschlüpfen bräuchte, muss er sein Leben selbst entwerfen. Da es kein festes „Drehbuch" mehr gibt, ist er genötigt, seine *„Lebensgeschichte in eigener Regie zu verfassen"*[15]. Das meint der Begriff „Individualisierung". Identität wird nicht mehr wie früher von außen zugewiesen, sondern muss mühsam „erworben" werden. Jeder muss den Fleckerlteppich seiner Lebensgeschichte selber weben, muss das Muster entwerfen und den roten Faden suchen, dem er folgen will.
Im Bild gesprochen: Der Mensch fährt nicht mehr im Großraumwagen der Bahn durchs Leben, mit festem Streckenverlauf und genauem Fahrplan, sondern im Wohnmobil. Er übernimmt für sein Leben nicht mehr ein

[15] Paul M. Zulehner, Pastoraltheologie Bd. 1: Fundamentalpastoral. Kirche zwischen Auftrag und Erwartung, Patmos Verlag, Düsseldorf 1989, 199.

schlüsselfertiges Sinngebäude, sondern bastelt sich sein selbst konstruiertes Heimwerkermodell.
Diese Individualisierungstendenz wirkt sich auch auf den Glauben aus, indem der Mensch auf dem Markt der Weltdeutungen und Lebensangebote das auswählt, was ihm hilfreich erscheint: Er wird zum „Auswahlchristen", der auch in Glaubensfragen von seiner Freiheit zur Wahl (bzw. seinem Zwang zur Wahl) Gebrauch macht. So lehnt die Mehrheit der deutschen Katholiken (52,8 %) mittlerweile den Glauben an die Auferstehung oder ein Leben nach dem Tod ab, ebenso wie die Vorstellung von einem „Endgericht" (Ebertz, 73 [s. Anm. 8]). Auch in Bezug auf die Vorstellung von einem personalen Gott oder die Deutung von Jesus Christus als „Sohn Gottes" gibt es gravierende Abweichungen im Glauben der Katholiken von der formulierten Lehre der Kirche. Dass in moralischen Fragen die Mehrheit der Katholiken hierzulande längst ihrer Kirchenleitung die Gefolgschaft verweigert, ist ja ohnehin seit vielen Jahren eine unbestreitbare Tatsache.
Allerdings gewinnt der Glaube durch die subjektiv getroffene Wahl auch eine neue Qualität. Er ist nicht mehr ein von außen gestütztes „Christsein ohne Entscheidung" (Walter Kasper), sondern ein existentieller und persönlich vollzogener Glaube. Von daher verbietet sich auch eine einfache Schwarz-Weiß-Malerei, die in der gesellschaftlichen Entwicklung nur eine Abwärtsbewegung sieht. Die Überwindung der sozialen Kontrolle und der Zuwachs an Freiheit und Mündigkeit entsprechen durchaus dem christlichen Menschenbild, auch wenn man sehen muss, dass durch die gesellschaftlichen Einflüsse, insbesondere durch die „drei M": Mode, Markt und Medien, diese Freiheit unter der Hand wieder kassiert wurde.
Der Katholik von heute ist ein Mensch unserer pluralistischen Gesellschaft. Als Wanderer zwischen mehreren Welten versucht er aus vielen Fäden seinen Lebensteppich zu knüpfen. Er pendelt zwischen Berufswelt, Familienwelt und Freizeitwelt, folgt den Spielregeln des Marktes und den Spielregeln unserer Mediengesellschaft, kombiniert Bibel und Bachblütentherapie, Kirchgang mit Konzertbesuch und entscheidet immer neu, ob er sich mehr von Dieter Bohlen begeistern lässt oder von Benedikt XVI., ob er sich um das Ozonloch kümmern will oder um seinen Wintergarten, ob er mehr seinem Geldbeutel folgen soll oder seinem Gewissen.

Denkanstöße:

- ⇨ Wie hat sich Ihr eigenes Leben in den letzten Jahrzehnten verändert?
- ⇨ Was ist heute anders am Lebensstil und Lebensgefühl der Menschen?
- ⇨ Welche gesellschaftlichen Erscheinungen beobachten Sie heute, die es vor zwanzig oder vierzig Jahren noch nicht gab?
- ⇨ In welcher Welt wachsen heute unsere Kinder auf, verglichen mit der Welt unserer eigenen Kindheit?

7.3 Wandel im Kirchenbild: Vom „Haus voll Glorie" zum „Schiff, das sich Gemeinde nennt"

Ein Haus voll Glorie schauet weit über alle Land,
aus ewgem Stein erbauet von Gottes Meisterhand.
Gott, wir loben dich! Gott wir preisen dich!
O lass im Hause dein uns all geborgen sein!

Gar herrlich ist's bekränzet mit starker Türme Wehr,
und oben hoch erglänzet des Kreuzes Zeichen hehr.
Gott, wir loben dich ...

Wohl tobet um die Mauern der Sturm in wilder Wut,
das Haus wird's überdauern, auf festem Grund es ruht.
Gott, wir loben dich ...

Ob auch der Feind ihm dräue, anstürmt der Hölle Macht,
des Heilands Lieb und Treue auf seinen Zinnen wacht.
Gott, wir loben dich ...

Dem Sohne steht zur Seite die reinste der Jungfraun;
um sie drängt sich zum Streite die Kriegsschar voll Vertraun.
Gott, wir loben dich ...

Ein Schiff, das sich Gemeinde nennt, fährt durch das Meer der Zeit.
Das Ziel, das ihm die Richtung weist, heißt Gottes Ewigkeit.
Das Schiff, es fährt vom Sturm bedroht durch Angst, Not und Gefahr,
Verzweiflung, Hoffnung, Kampf und Sieg, so fährt es Jahr um Jahr.
Und immer wieder fragt man sich: wird denn das Schiff bestehn?
Erreicht es wohl das große Ziel? Wird es nicht untergehn?
Bleibe bei uns, Herr! Bleibe bei uns, Herr,
denn sonst sind wir allein auf der Fahrt durch das Meer.
O bleibe bei uns, Herr!

Das Schiff, das sich Gemeinde nennt, liegt oft im Hafen fest,
weil sich's in Sicherheit und Ruh bequemer leben lässt.
Man sonnt sich gern im alten Glanz vergangner Herrlichkeit,
und ist doch heute für den Ruf zur Ausfahrt nicht bereit.
Doch wer Gefahr und Leiden scheut, erlebt von Gott nicht viel.
Nur wer das Wagnis auf sich nimmt, erreicht das große Ziel! Bleibe ...

Im Schiff, das sich Gemeinde nennt, muss eine Mannschaft sein,
sonst ist man auf der weiten Fahrt verloren und allein.
Ein jeder stehe, wo er steht, und tue seine Pflicht,
wenn er sein Teil nicht treu erfüllt, gelingt das Ganze nicht.
Und was die Mannschaft auf dem Schiff ganz fest zusammenschweißt
in Glaube, Hoffnung, Zuversicht, ist Gottes guter Geist. Bleibe ...

Im Schiff, das sich Gemeinde nennt, fragt man sich hin und her:
Wie finden wir den rechten Kurs zur Fahrt im weiten Meer?
Der rät wohl dies, der and're das, man redet lang und viel
und kommt – kurzsichtig wie man ist – nur weiter weg vom Ziel.
Doch da, wo man das Laute flieht und lieber horcht und schweigt,
bekommt von Gott man ganz gewiss den rechten Weg gezeigt!
Bleibe ...

Ein Schiff, das sich Gemeinde nennt, fährt durch das Meer der Zeit.
Das Ziel, das ihm die Richtung weist, heißt Gottes Ewigkeit.
Und wenn uns Einsamkeit bedroht, wenn Angst uns überfällt:
Viel Freunde sind mit unterwegs auf gleichen Kurs gestellt.
Das gibt uns wieder neuen Mut, wir sind nicht mehr allein.
So läuft das Schiff nach langer Fahrt in Gottes Hafen ein! Bleibe ...

Text: Martin Gotthard Schneider.

Es macht einen Unterschied, ob sich die Kirche als „Haus voll Glorie“ versteht, das „aus ewgem Stein erbauet“ ist, oder als „Schiff, das sich Gemeinde nennt“ und „durch das Meer der Zeit“ fährt.
Im ersten Fall spricht Medard Kehl in einem hintergründigen Wortspiel von der „petrifizierten Kirche“. Sie ist versteinert in vermeintlicher Treue zum Ursprung und merkt nicht, dass sie, statt das Feuer weiterzugeben, nur noch die Asche hütet. Der Glaube lässt sich aber nicht konservieren. Er muss gelebt werden. Und das bedeutet: Entwicklung, Veränderung, Antwort auf die Fragen und Herausforderungen einer neuen Zeit. Deshalb ist für die Kirche des Konzils Dialog ein Schlüsselwort. Nur im Dialog mit der Welt findet sie ihre Identität. Nur wenn sie eingeht auf Freude und Hoffnung, Trauer und Angst der Menschen von heute, bleibt sie sie selbst, erfüllt sie den Auftrag ihres Ursprungs. Die Zeit lässt sich nicht anhalten. Eine Kirche, die das versucht, verhält sich wie der Knecht im Gleichnis Jesu, der das ihm anvertraute Talent vergräbt, statt mit ihm zu arbeiten.

Natürlich hängt das Kirchenbild auch mit den jeweiligen zeitgenössischen Rahmenbedingungen zusammen. Text und Melodie von „Ein Haus voll Glorie schauet“ stammen von Josef Mohr aus dem Jahr 1876. Dabei greift der Komponist den Stil der patriotischen Lieder seiner Zeit auf und lässt sich auch vom Rhythmus der preußischen Militärmärsche inspirieren. Es war die Zeit des Kulturkampfs, der Auseinandersetzung mit dem Modernismus, des sozialen und liberalen Aufbruchs in der Gesellschaft. Die Kirche reagierte darauf mit einer Bollwerk-Strategie: Den Umbrüchen in der Gesellschaft, den neuen Erkenntnissen in der Wissenschaft, den kulturellen Emanzipationsbewegungen soll der Fels Petri entgegengesetzt werden – ein Hort der unerschütterlichen Werte, der Sicherheit und Beständigkeit. Der Sturm tobt um die Mauern, doch das Haus wird es überdauern, weil es auf festem Grund ruht. Dass die Kirche mit diesem Selbstbild einen wichtigen Beitrag leistete zur psychischen und geistigen Stabilisierung ihrer Mitglieder, deren weltanschaulicher Boden durch die gesellschaftlichen Veränderungsprozesse ins Wanken geriet, ist nachvollziehbar. „O lass im Hause dein uns all geborgen sein“ – dieser Wunsch ist nur allzu verständlich in einer Zeit, in der historisch-kritisches Denken, naturwissenschaftliche Forschungen, Positivismus und Pragmatismus in der Philosophie, Sozialismus und Liberalismus in der Politik die gewohnten Sicherheiten eines traditionell-christlichen Weltbildes in Frage stellten. Und noch heute mag es Situationen in unserem Leben geben, in denen die Sehnsucht nach diesem Hort der Sicherheit und Wahrheit einen Platz hat.

Das Lied „Ein Schiff, das sich Gemeinde nennt" kommt unverkennbar aus der nachkonziliaren Aufbruchszeit der 60er- und 70er-Jahre. Auch in der Gesellschaft war damals ja vieles in Bewegung. Gegen den bürgerlichen Mief rebellierte eine ganze Jugendgeneration mit ihrer Musik, ihrer Kleidung und Haartracht, ihrer Lebenskultur („Hinter den Talaren – Muff von tausend Jahren"). Auch das alte Kirchenbild überzeugte nicht mehr: „Man sonnt sich gern im alten Glanz vergangner Herrlichkeit, und ist doch heute für den Ruf zur Ausfahrt nicht bereit ..." In der Selbstbezeichnung als wanderndes Gottesvolk artikuliert sich nicht nur eine theologische Rückbesinnung auf die Ursprünge der Kirche, sondern spiegeln sich auch die Sehnsucht der Menschen jener Jahre nach Aufbruch und die gesellschaftliche Dynamik einer Neuformierung in Politik, Kultur und Ethik.

Zwischenbilanz

Leben bedeutet: sich ständig verändern. Auch Gesellschaft und Kirche haben sich verändert. Damit verändern sich auch Christsein und Gemeindeleben. Wer Verantwortung für den Weg der Pfarrgemeinde hat, also besonders Pfarrer, hauptamtliche pastorale Mitarbeiterinnen und Mitarbeiter, Pfarrgemeinderäte und Kirchenverwaltungen, Verbände und Gruppen, engagierte Ehrenamtliche und interessierte Gemeindemitglieder stehen vor der Aufgabe, diesen Veränderungsprozess zu begleiten und zu steuern. Wie reagieren wir auf die Veränderungen in Gesellschaft und Kirche? Wie werden wir der neuen Situation gerecht? Damit sind wir beim Stichwort „Gemeindeentwicklung".

7.4 Entwicklungsbedingungen

Der entscheidende Wettbewerbsvorteil, den ein Unternehmen hat, so sagt uns die moderne Organisationstheorie, liegt darin, inwieweit es ihm gelingt, sich ständig weiterzuentwickeln. Das Schlagwort von der „lernenden Organisation" beherrscht seit einigen Jahren die diesbezügliche Diskussion.

Die Frage nach Möglichkeiten und Chancen der Gemeindeentwicklung lässt sich deshalb unter dem Blickwinkel betrachten: Wie kann es gelingen, dass unsere Gemeinden „lernende Organisationen“ werden?

Manchmal setzen wir unsere Veränderungshoffnung darauf, dass ein neuer Mann an die Spitze kommt. Wenn das dann geschieht, müssen wir die schmerzliche Erfahrung machen, dass sich trotzdem kaum etwas ändert. Das Auswechseln von Köpfen scheint keine Lösung zu sein, wenn sich nicht gleichzeitig auch die tief in der Organisation verwurzelten Denkmuster, Regelstrukturen, Kommunikationsabläufe und Verhaltensroutinen ändern. Dass komplexe Systeme sich nicht einfach zentral steuern lassen, das hat etwa Jürgen Trittin erfahren müssen, als er damals Umweltminister wurde und schnell merkte, dass er die Republik nicht einfach per Knopfdruck grün färben konnte. Das mag wohl auch die Erfahrung von Papst Benedikt XVI. sein, der seine theologischen Ideen auch nicht ohne Rücksicht auf den „Kurienapparat“ 1:1 umsetzen kann.

Die Bereitschaft, zu einer lernenden Organisation zu werden, setzt eine Haltung voraus, die das Neue Testament metánoia – Umkehr nennt. Kehrt um, sagt Jesus, denn das nahe gekommene Gottesreich eröffnet euch neue Wege.

Gemeindeentwicklung ist zutiefst auf eine solche Aufbruchs- und Umkehrbereitschaft angewiesen. Als Gemeindeberater stelle ich oft fest, dass hier bereits die meisten Entwicklungsprojekte scheitern. Es gibt oft keinen echten Willen, neue Wege zu gehen. „Das war schon immer so.“ „Das war noch nie so.“ „Das geht bei uns nicht.“ – das sind die klassischen Killerphrasen, die jede Entwicklung töten.

In der Beratung versuche ich immer herauszubekommen, wo die Veränderungsenergie sitzt. Oft stellt sich heraus: Sie ist gar nicht da. Wir werden zwar gerufen, um einen Entwicklungsprozess zu begleiten, aber insgeheim – also meist unbewusst – tut das System alles, um wirkliche Veränderungen zu vermeiden. So kommt es, dass Gemeindeentwicklung oft beschworen wird, dass Leitbildprozesse und Strukturreformen durchgeführt werden, aber darunter und dahinter immunisiert sich das System gegen den

„Veränderungsbazillus". Das ist auf der Ebene des Bistums und der Weltkirche nicht anders. Wirkliche Reformen bleiben aus. Mit hektischer Betriebsamkeit werden an der Oberfläche kosmetische Operationen vorgenommen, aber wenn es wirklich „ans Eingemachte" geht, findet eine echte Umkehr nicht statt.

Wirkliche Bewegung entsteht in der Regel erst da, wo einer der beiden folgenden Gründe vorliegt:

- *Leidensdruck:* Entwicklung beginnt erst dann, wenn die Furcht vor dem Untergang größer ist als die Angst vor Veränderung.
- *Vision:* Ein positiver Ansatz ist die Kraft der Visionen. Jesus hat nicht mit dem Untergang gedroht. Die Umkehr, zu der er aufrief, speiste sich aus der Vision vom Reich Gottes.

Umkehrbereitschaft und Veränderungswille sind gewissermaßen die *mentalitätsmäßige* Voraussetzung und Ausgangsbedingung für Gemeindeentwicklung.

Eine zweite Grundvoraussetzung, die damit zusammenhängt, ist eher *struktureller* Art: Das A und O einer lernenden Organisation ist die Installierung ständiger Feedback-Prozesse (vgl. 5.3). Nur durch Dauerreflexion des eigenen Weges und fortwährende Auswertung der gegangenen Schritte ist gesteuerte Entwicklung möglich. Leider kommt das bei uns oft zu kurz. In manchen Diözesen werden selbst große Bauprojekte, die Millionen kosten, nach Abschluss nicht kritisch reflektiert und ausgewertet, obwohl alle Beteiligten von Pannen berichten, dass sich die Haare sträuben. Wenn es zur Kultur einer Organisation gehört, Fehler nicht beim Namen zu nennen und vor allem nach oben zu die Dinge schön zu färben, dann kann sie nicht lernen. Der Mut zur Wahrheit ist eine alte christliche Tugend. Sich der Wahrheit zu stellen, ist nicht immer einfach, aber eine lernende Organisation ist gerade auf diese Fähigkeit dringend angewiesen.
In der geistlichen Tradition unserer Kirche hat die tägliche Gewissenserforschung ihren festen Platz. Dahinter steht die Lebensweisheit, dass die persönliche und spirituelle Entwicklung immer wieder eine solche Bestandsaufnahme und Überprüfung braucht. Nicht anders ist es mit der Entwicklung einer Gemeinde. Die Aufbruchsbegeisterung verpufft wirkungslos und unsere Gemeinde dreht sich voller Idealismus immer nur im Kreis

um sich selbst, wenn nicht ständige Auswertung dafür sorgt, dass der Energiestrom richtig gesteuert wird.

In diesem Zusammenhang wäre auch noch ein Wort zur *Fehlerfreundlichkeit* zu sagen: Lernende Organisationen sind fehlerfreundlich. Das heißt: Fehler dürfen gemacht werden; man muss nur aus ihnen lernen. Fehler sind nicht schlimm, weil sie Lernchancen bieten. Problematisch werden sie erst dann, wenn keine Konsequenzen aus ihnen gezogen werden. Moderne Organisationen machen uns das heute vor. Das Klima in manchen Gemeinden und Diözesanverwaltungen würde sich gravierend ändern, wenn diese Sichtweise sich auch bei uns durchsetzen könnte.

7.5 Entwicklungsschritte

Wie ein Gemeindeentwicklungsprozess nach dem Lehrbuch verläuft, ist bekannt. SEHEN – URTEILEN – HANDELN: Das ist der klassische Dreischritt. Am Anfang steht die Bestandsaufnahme, die Beschreibung des IST-Stands: Wo stehen wir? Wie ist die Lage in unserer Gemeinde? Auf diese Situationsanalyse folgt als nächster Schritt die Zielbestimmung: Wo wollen wir hin? Vom IST-Stand zum SOLL-Wert. Das SEHEN wird also ergänzt durch das URTEILEN: Soll das, was wir sehen, so bleiben wie es ist? Entspricht es unseren Kriterien einer christlichen Gemeinde oder kommen wir zu dem Urteil: Es muss sich etwas ändern?
Fehlt als letzter Schritt das HANDELN. Was müssen wir tun, um vom IST-Stand zum SOLL-Wert zu gelangen? Welche Schritte müssen wir gehen, welche Maßnahmen ergreifen, um das Ziel zu erreichen, das wir anstreben?

7.6 Entwicklungsfaktoren

Ich wähle hier einen weiteren Zugang, der sich auf ein Buch von Peter Senge stützt, das seit mehr als 10 Jahren als Klassiker der Organisationsentwicklung gilt: „Die fünfte Disziplin. Kunst und Praxis der lernenden Organisation“ (Klett-Cotta, Stuttgart ^{9}2003).

Für den Aufbau einer lernenden Organisation, sagt Peter Senge, sind 5 Kerndisziplinen entscheidend. Diese 5 Disziplinen sollen vorgestellt und auf die Gemeindeentwicklung übertragen werden.

1. Reife, glaubwürdige Persönlichkeit

Als Erstes nennt Senge: „personal mastery". Damit bezeichnet er die „Disziplin der Selbstführung und Persönlichkeitsentwicklung". In unsere kirchliche Sprache übersetzt könnten wir durchaus den Begriff „Spiritualität" verwenden. Denn in der Konkretisierung dessen, was mit „personal mastery" gemeint ist, wird davon gesprochen, dass Menschen mit sich im Einklang stehen, ihrer inneren Wahrheit folgen, von einem Sinn und einem Lebensziel erfüllt sind und fähig sind, sich selbst und die Realität anzunehmen, auch wenn sie hinter dem eigenen Idealbild zurückbleiben.
Es ist interessant, dass die modernen Managementwissenschaften diese Verbindung herstellen: Eine lernende Organisation ist darauf angewiesen, dass die Menschen, die zu ihr gehören, reife Persönlichkeiten sind, mit einem Sinn für Wahrheit und für Werte, mit einer inneren Stabilität, die sich aus Quellen jenseits von Leistung und materiellen Gütern speist, mit der Fähigkeit, sich für eine große Sache zu begeistern, und einem langen Atem, der sich auch von Rückschlägen nicht entmutigen lässt.
Das heißt: Gemeindeentwicklung ist nicht zuerst eine Sache veränderter Strukturen und Verfahren. Gemeindeentwicklung ist zugleich Persönlichkeitsentwicklung der Menschen, die zur Gemeinde gehören, vor allem derer, die Verantwortung tragen in der Gemeinde. Das scheint selbstverständlich, aber die Realität sieht oft anders aus. Menschen ohne Elan, kommunikationsgehemmt, schnell beleidigt; wenig Eigeninitiative, kleinkarierte Erbsenzählerei – das alles atmet oft nicht die Weite des Gottesgeistes, der „Herr ist und lebendig macht", wie wir im Großen Glaubensbekenntnis beten. Spirituelle Vertiefung und persönliches Wachstum der Menschen sind für mich deshalb ein vorrangiges Ziel, wenn eine Gemeinde sich weiterentwickeln will.

2. Dialogfähigkeit

Es ist eine alte Einsicht der Erkenntnistheorie, dass niemand von uns die Dinge so sieht, wie sie wirklich sind. Was wir für „Wahrheit" halten, ist abhängig von unserem Blickwinkel. Jede Wahrnehmung ist perspektivisch.

Blickwechsel

„Ich sehe was, das du nicht siehst" – so hieß ein beliebtes Spiel in meiner Kindheit: Einer nahm einen Gegenstand aus dem Zimmer in den Blick, gab dazu ein paar spärliche Informationen und die anderen mussten raten, was es war. Für mich ist das bis heute ein Schlüsselsatz: „Ich sehe was, das du nicht siehst." Dabei ergänze ich in Gedanken: „Und du siehst was, das ich nicht sehe". Dahinter verbirgt sich eine tiefe Einsicht: Jeder von uns sieht nur seinen Ausschnitt der Wirklichkeit. Was wir für „Wahrheit" halten, ist immer nur unsere Sicht der Dinge. Jede Wahrnehmung ist perspektivisch, hängt ab von unserem Blickwinkel, von der inneren „Brille", durch die wir schauen. Hinter jeder Erkenntnis steckt ein Interesse, jede Einsicht beruht auf Voraussetzungen. Seit 300 Jahren mühen sich die Philosophen mit der Frage ab, ob wir überhaupt die Wirklichkeit erkennen können, wie sie ist. Das Ergebnis: Nein, wir können es nicht. Den „Filter" in unserem Kopf können wir nicht überwinden. Den „Denkapparat", mit dem wir unsere Erkenntnisse gewinnen, können wir analysieren, können herausfinden, wie die „Brille" funktioniert, mit der wir die Welt betrachten, können dem Bauplan auf die Spur kommen, nach dem wir unsere Wirklichkeit konstruieren – doch „objektive Wahrheit" finden wir dadurch nicht. Die Schönheit liegt im Auge des Betrachters. Ein liebender Blick entdeckt eine andere Wahrheit als die distanzierte Kühle eines Unbeteiligten. Ich lerne daraus, vorsichtig mit meinem Urteil und meinen Meinungen umzugehen. Was ich sehe, ist noch nicht die ganze Wahrheit. Ich bin angewiesen auf den Austausch mit anderen. Wenn wir gegenseitig unsere Sicht ergänzen, wird der Blickwinkel größer. Wahrheit gibt es anscheinend nur im Plural. Damit wir ihr näher kommen, brauchen wir Toleranz und Dialog. – Ich sehe was, das du nicht siehst, du siehst was, das ich nicht sehe. Gemeinsam sehen wir besser.

Unser Umgang mit der Wirklichkeit, sagt Peter Senge, ist geprägt von den inneren Landkarten, die wir mit uns herumtragen, von den *mentalen Modellen*. Sie entscheiden darüber, was wir sehen und wie wir handeln.
Eine Organisation hat dann eine Chance, zur lernenden Organisation zu werden, wenn es gelingt, diese inneren Landkarten offen auf den Tisch zu

legen und über die Wirklichkeitssicht zu kommunizieren, die in ihnen enthalten ist.
Natürlich kennen wir das auch bei uns. Viele Konflikte und Meinungsverschiedenheiten hängen damit zusammen, dass unterschiedliche Kirchen- und Gottesbilder als mentale Modelle das Handeln beeinflussen. Mit welchen inneren Landkarten gestalten wir die Entwicklung unserer Gemeinden? Haben wir zum Beispiel einen diakonischen, liturgischen oder missionarischen Blickwinkel? Setzen wir mehr auf die Gnade der Sakramente oder auf die Verantwortung des Gottesvolkes, orientieren wir uns stärker an der Kerngemeinde oder an den Distanzierten, setzen wir eher an den biblischen Wurzeln an oder am Lebensgefühl der Moderne – das alles beeinflusst unsere Wahrnehmung, prägt unser Urteil, leitet unser Handeln.
Was oft fehlt, ist die Fähigkeit, offen über all diese Hintergründe zu reden: die Kultur des Dialogs. Betrachten wir nur einmal die Leserbriefschlachten in unseren Bistumszeitungen, erinnern wir uns an den letzten Besuch des Bischofs im Dekanat, vergegenwärtigen wir uns die Sitzungen des Pfarrgemeinderats, des Diözesanrats, der Mitgliederversammlung unseres Verbands. Werden dort in echter Dialogkultur mentale Modelle offen gelegt in der gemeinsamen Suche nach der Wahrheit, die niemand für sich allein gepachtet hat? Wir spielen Spielchen, sagt Senge, und blockieren uns in so genannten „Abwehrroutinen". Denn wir haben Angst vor der Preisgabe unseres inneren Denkens. Wir legen einen schützenden Panzer über unsere tiefsten Annahmen, weil wir den Schmerz vermeiden wollen, sie eventuell aufgeben zu müssen.

Eine Organisation kann nur lernen, wenn viele Menschen ihre unterschiedlichen Sichtweisen wie Mosaiksteine zusammenlegen. Das verlangt von jedem eine Dialogkultur, die gleichzeitig in der Lage ist, die Sicht des anderen zu erkunden und für die eigene Sicht zu plädieren, Position zu beziehen und gleichzeitig offen zu sein für die Suche nach noch tieferer Erkenntnis der Wahrheit.
Gemeindeentwicklung bedeutet deshalb auch: das Wachstum einer solchen Dialogkultur fördern, ein Klima entstehen lassen, das wirklich Raum gibt für das offene Wort. Gegen die kirchliche Unkultur des Beschönigens und Verschleierns, des Abwiegelns und Verbietens dem Geist der Wahrheit vertrauen, der uns frei macht.
Voraussetzung dafür ist: „Querdenker" müssen erwünscht sein. Wer kritische Fragen stellt, die Dinge nicht einfach als selbstverständlich hin-

nimmt, nur weil sie schon immer so waren oder weil sie von „Autoritäten“ gestützt werden, ist für die Organisation besonders wertvoll. Neue Wege finden wir nur, wenn wir offen sind für neue Entdeckungen. Leider werden in der innerkirchlichen Kultur – wie übrigens auch in den politischen Parteien – Querdenker gerne aufs Abstellgleis geschoben, weil sie den Betrieb stören. Ihr Potential zu nutzen wäre der bessere Weg.
Ich bin überzeugt: Wenn nur ein Team oder Gremium in der Gemeinde damit beginnt, wird sich diese neue Kultur des Dialogs wie durch Ansteckung ausbreiten in der Gemeinde. Denn nach nichts sehnen sich Menschen in der Tiefe ihres Herzens mehr als nach Aufrichtigkeit und Wahrheit.

3. Vision

Der Kern der derzeitigen Kirchenkrise, so sagte schon vor Jahren der Wiener Pastoraltheologe Paul M. Zulehner, ist eine Zielkrise. Was uns vor allem fehlt, sind die Visionen. Eine Vision ist ein Bild von der erhofften Zukunft. Wie alle Bilder hat sie eine inspirierende und Energie frei setzende Kraft, die bis in die Tiefenschichten Menschen ergreifen kann. Sie ist das Gestaltbild, auf das hin sich unsere Sehnsucht richtet und unsere Arbeit konzentriert. Sie lässt jetzt schon aufleuchten, wohin wir unterwegs sind und wo wir ankommen wollen.
In einem Interview zu seinem Ende 2004 erschienenen Buch: „20 Thesen für ein neues Wirtschaftswunder“ (Bertelsmann Verlag, München 2004) betonte denn auch BDI-Präsident Michael Rogowski, dass für ihn die entscheidende Wende für das wirtschaftlich schwächelnde Deutschland mit der Kraft neuer Visionen zusammenhänge. „Zufuhr von Visionen“ ist deshalb die wichtigste Aufgabe, die die Leitung einer Organisation zu erfüllen hat (vgl. 9.2).
Dies lässt sich an vielen großen Führerpersönlichkeiten ablesen: „Ich habe einen Traum“ – so beginnt die berühmte Rede von Martin Luther King. Mit seiner Vision von einem friedlichen Zusammenleben zwischen Schwarzen und Weißen wurde er zu einer der großen Gestalten des gewaltlosen Widerstands gegen Rassismus im letzten Jahrhundert.
Papst Johannes XXIII. hatte die Vision von einer weltoffenen, dialogbereiten Kirche und brachte durch diese „Visionszufuhr“ einen ungeheuren Schub an Lebendigkeit in die „Organisation“ Kirche.
Ein jüngeres Beispiel für „Führen durch Vision“ ist Michail Gorbatschow. Durch seine Vision einer von „Glasnost“ und „Perestroika“ geprägten Gesellschaft ist es ihm gelungen, selbst in dem verkrusteten und starren Sys-

tem der Sowjetunion Reformprozesse in Gang zu setzen, die die Weltgeschichte verändert haben, auch wenn er letztlich daran gescheitert ist, seine Visionen praktisch umzusetzen.

Es ist kein Zufall, dass auch in der Geburtsstunde der Kirche an jenem Pfingsttag in Jerusalem, die Kraft der Visionen beschworen wird. Petrus zitiert in seiner ersten Predigt eine alte Verheißung des Propheten Joël:
„In den letzten Tagen wird es geschehen, so spricht Gott: Ich werde von meinem Geist ausgießen über alles Fleisch. Eure Söhne und eure Töchter werden Propheten sein, eure jungen Männer werden Visionen haben, und eure Alten werden Träume haben. Auch über meine Knechte und Mägde werde ich von meinem Geist ausgießen in jenen Tagen und sie werden Propheten sein." (Apg 2,17f)
Die Kirche in Deutschland, so lautet eine von vielen Fachleuten vorgetragene Diagnose, leidet an einem Mangel an visionärer Kraft. Es gibt ein hochdifferenziertes Programmangebot, die Verwaltung ist eine der besten in der ganzen Weltkirche und doch wirkt die Kirche weithin saft- und kraftlos, fehlt die Ausstrahlung, geht keine Begeisterung aus. Die Grundstimmung der Seelsorgerinnen und Seelsorger ist eher resignativ. Der Rückgang des kirchlichen Lebens auf fast allen Ebenen – trotz hohen persönlichen Einsatzes – deprimiert. Solche Alterungsprozesse gibt es in vielen Organisationen. Am Anfang steht eine Vision, lassen sich Menschen begeistern für ein Ziel und bilden eine verschworene Gemeinschaft. Sie entwickeln ein Programm und eine Verwaltungsstruktur, um die Vision lebendig zu halten und praktisch umzusetzen, aber dann erlischt allmählich der zündende Funke des Anfangs und die einst blutvolle Vision magert ab zum nur noch bürokratischen Skelett.
Dieses Verlaufsschema trifft auch auf die Kirche zu. Am Anfang stand die Vision jenes Propheten aus Nazaret, der als Wanderprediger seine Botschaft vom Reich Gottes verkündete. Seine Anhänger bildeten später lebendige Gemeinden und die Jesusbewegung breitete sich aus in die ganze Welt. Klare Programme und feste Strukturen wurden mit der Zeit entwickelt: Glaubensbekenntnisse und Dogmen, liturgische Formen und kirchliche Ämter. Das kirchliche Gesetzbuch, das wir heute haben, umfasst 1752 Canones mit mehreren tausend Paragraphen. Doch auch die Alterungserscheinungen sind unübersehbar: Die visionäre Kraft geht zurück, das Gemeinschaftsbewusstsein nimmt ab, unter Bergen von Asche glimmt nur noch schwach das einstige Feuer. Es ist der falsche Weg, in dieser Situa-

tion durch hektische Aktivitäten eine Lösung zu suchen: noch mehr Angebote für einzelne Zielgruppen, noch mehr hauptamtliches Personal, noch mehr Pfarrverbände, Sachausschüsse und Zwischenebenen. Wirkliche Erneuerung geschieht nur, wenn die Vision wieder zum Leuchten kommt.

Das „Schiff, das sich Gemeinde nennt, fährt durch das Meer der Zeit" ... – Wenn Flaute herrscht und nichts vorangeht, brauchen wir den Wind, der die Segel bläht, den Sturmwind Gottes, den Heiligen Geist, der das Schiff vorwärts bläst mit der Kraft seines Atems. Doch wenn alle Segel gesetzt sind und die Mannschaft an Bord für die Fahrt gerüstet ist, fehlt noch eines: „Wer den Hafen nicht kennt, in den er segeln will, für den ist kein Wind ein günstiger", schrieb vor fast 2000 Jahren der Philosoph Seneca. Ohne Ziel, ohne Visionen kommen wir nicht von der Stelle, fahren wir Volldampf im Leerlauf. In einem berühmten Satz von Antoine de Saint-Exupéry kommt zum Ausdruck, wo wir wirklich ansetzen sollten:

> „Wenn du ein Schiff bauen willst,
> so trommle nicht Männer zusammen,
> um Holz zu beschaffen,
> Werkzeuge vorzubereiten,
> Aufgaben zu vergeben und die Arbeit einzuteilen,
> sondern lehre die Männer
> die Sehnsucht nach dem weiten, endlosen Meer."

Anders als in der Aufbruchszeit des 2. Vatikanischen Konzils scheint gegenwärtig das Kirchenklima für Visionen nicht gerade günstig zu sein. Neue Ideen haben es schwer, prophetische Kritik wird zum Schweigen gebracht, wer die eingefahrenen Wege verlassen will, wird schnell zurückgepfiffen. Jenem „Propheten" aus Nazaret war es damals nicht anders ergangen. Doch es gibt keine Alternative. Wer immer nur bremst, wird niemals vorwärts kommen. Wer nur Löcher stopft und die Probleme verwaltet, mag vielleicht das Kirchenschiff gerade noch über Wasser halten, wird aber den Hafen nicht erreichen. Nicht pastoralstrategische Pläne oder seelsorgliche Supermethoden helfen uns weiter, sondern nur die spirituelle Rückbesinnung auf die visionäre Kraft des Ursprungs. Die Pfingstgeschichte hat es gezeigt: Wo die alten Visionen wieder lebendig werden, da ist Gottes Geist am Werk, da beginnt Kirche.

1 Sam 3,1–11

Der junge Samuel versah den Dienst des Herrn unter der Aufsicht Elis. In jenen Tagen waren Worte des Herrn selten; Visionen waren nicht häufig. Eines Tages geschah es: Eli schlief auf seinem Platz; seine Augen waren schwach geworden und er konnte nicht mehr sehen. Die Lampe Gottes war noch nicht erloschen und Samuel schlief im Tempel des Herrn, wo die Lade Gottes stand. Da rief der Herr den Samuel und Samuel antwortete: Hier bin ich. Dann lief er zu Eli und sagte: Hier bin ich, du hast mich gerufen. Eli erwiderte: Ich habe dich nicht gerufen. Geh wieder schlafen! Da ging er und legte sich wieder schlafen. Der Herr rief noch einmal: Samuel! Samuel stand auf und ging zu Eli und sagte: Hier bin ich, du hast mich gerufen. Eli erwiderte: Ich habe dich nicht gerufen, mein Sohn. Geh wieder schlafen!
Samuel kannte den Herrn noch nicht und das Wort des Herrn war ihm noch nicht offenbart worden. Da rief der Herr den Samuel wieder, zum dritten Mal. Er stand auf und ging zu Eli und sagte: Hier bin ich, du hast mich gerufen. Da merkte Eli, dass der Herr den Knaben gerufen hatte. Eli sagte zu Samuel: Geh, leg dich schlafen! Wenn er dich (wieder) ruft, dann antworte: Rede, Herr; denn dein Diener hört. Samuel ging und legte sich an seinem Platz nieder. Da kam der Herr, trat (zu ihm) heran und rief wie die vorigen Male: Samuel, Samuel! Und Samuel antwortete: Rede, denn dein Diener hört. Der Herr sagte zu Samuel: Fürwahr, ich werde in Israel etwas tun, sodass jedem, der davon hört, beide Ohren gellen.

In dieser Szene spiegelt sich die heutige Situation: „Visionen waren nicht häufig". Die Verwaltung funktioniert noch, die Programme laufen wie gewohnt, aber es fehlt die visionäre Kraft. Typisches Zeichen für den Niedergang eines Systems. Eli ist alt geworden. Er sieht den Weg nicht mehr. Und was das Schlimmste ist: Er muss ohnmächtig zuschauen, wie das, was er aufgebaut hat, zerbröckelt, wie das, wofür er gelebt hat, auseinander fällt.
Das Kapitel vorher erzählt von seinen missratenen Söhnen, die unfähig sind, sein Werk fortzuführen. Ein Bild für die Lage der Kirche heute? Trotzdem tut Eli seinen Dienst, längst über das Pensionsalter hinaus, längst zu schwach, um noch etwas verändern zu können, aber treu seinem Auftrag, so lange es geht.

Doch Gott ist noch lange nicht am Ende. Er schickt einen Jungen los, einen Unerfahrenen, einen Laien. Er bringt frischen Wind in das starr gewordene System. Er weckt einen Schlafenden auf.
Und auch für Eli kommt eine wichtige Stunde. Seine Weisheit wird jetzt gebraucht: Die Erfahrung eines langen Lebens. Behutsam öffnet er der Berufung das Ohr, hilft Samuel, den Ruf zu deuten, der an ihn ergangen ist. Der Blinde und der Taube – beide braucht Gott, damit sein Ruf gehört und seine Vision gesehen werden kann. Ein Alter und ein Junger, ein Priester und ein Laie, weise Erfahrung und visionäre Kraft, und ein neuer Anfang wird möglich. Es können Dinge geschehen, dass jedem, der davon hört, beide Ohren gellen.

Denkanstöße:

- ⇨ Können Sie die Vision beschreiben, von der die Verantwortlichen in Ihrer Pfarrgemeinde, Ihrem Verband bewegt sind?
- ⇨ Woran könnten „Außenstehende" diese Vision erkennen? Wie wirkt sie sich praktisch aus?
- ⇨ Wodurch wird diese Vision „genährt"? Wie wird ihre Leuchtkraft erhalten? Wie wird sie kommuniziert?
- ⇨ Falls keine Vision spürbar ist: Wie kann sie entdeckt oder geweckt werden?
- ⇨ Was ist Ihre eigene Vision für die Zukunft der Pfarrgemeinde bzw. der Einrichtung, in der Sie tätig sind?

4. Team-Lernen

Als weitere Disziplin, von der das Entstehen einer lernenden Organisation abhängt, betont Peter Senge das Team-Lernen. Er schreibt: „Der Einzelne kann unter Umständen unentwegt lernen, ohne dass das Unternehmen etwas lernt. Aber wenn Teams lernen, werden sie zu einem Mikrokosmos für das Lernen in der ganzen Organisation" (287). Teams sind demnach so etwas wie der Sauerteig der Organisationsentwicklung. Hier beginnt jene Dialogkultur, von der vorhin die Rede war. Unterschiedliche Sichtweisen werden miteinander in Verbindung gebracht und führen in einem kreativen Prozess zu neuen Lösungen, die ein Einzelner für sich nie gefunden hätte. Abwehrroutinen werden durchschaut und abgelegt, Konflikte werden ausgehalten und produktiv genutzt.

Praktisch umgesetzt für die Gemeindeentwicklung bedeutet dies: möglichst viel im Team arbeiten und dabei großen Wert auf Teamentwicklung und Teamkultur legen. Das Steuerungsteam, das die Gemeindeentwicklung voranbringt, hat hier eine besondere Vorbildfunktion. Jede Investition in die Teamkultur zahlt sich später aus; denn gut funktionierende Teams sind die besten Zündfunken für das Lernen der ganzen Organisation.

5. Systemdenken

Fehlt schließlich noch die „fünfte Disziplin“: das Systemdenken. Wir sind normalerweise gewohnt, linear zu denken, das heißt in klaren Ursache-Wirkung-Zusammenhängen. Mit gezielten Handlungen erreichen wir genau vorher bestimmbare Wirkungen. Das sog. Kausalitätsprinzip beherrschte jahrhundertelang unser naturwissenschaftliches Weltbild und ist zweifellos eine wichtige Grundlage des technischen Fortschritts gewesen. Dahinter stand unter anderem auch die Auffassung, dass objektive Erkenntnis möglich ist, wenn nur die richtigen Methoden exakt angewendet werden. Systemisches Denken geht jedoch davon aus, dass es eine enge Abhängigkeit zwischen Wahrnehmung und Wahrnehmendem gibt, dass ich nur das sehe, was meinen Wahrnehmungsmustern entspricht, dass die Wirklichkeit, die wir erfassen, von uns mitkonstruiert ist. Die tiefgründigen erkenntnistheoretischen Debatten, die dazu geführt wurden, können hier nicht aufgegriffen werden. Wichtig ist aber, dass systemisches Denken die Welt viel komplexer einschätzt, als dass sie nach dem Gesetz von Ursache und Wirkung verstanden werden könnte. Die Systemtheorie geht davon aus, dass wir nicht linear, sondern in Regelkreisen oder Schleifen denken müssen; denn alle Vorgänge sind miteinander vernetzt und können nur in ihrer Einbettung in das Gesamtsystem verstanden werden.

Zwei Erfahrungen machen das deutlich:

- Komplexe Systeme können gar nicht mehr zentral gesteuert werden. Ein Knopfdruck von oben löst die Probleme nicht. Weder Menschen noch Organisationen funktionieren wie Maschinen.
- Warum das so ist, verdeutlicht eine zweite Erfahrung: Systeme verarbeiten Impulse, die von außen kommen, nach ihrer eigenen Logik. Die inneren Spielregeln bestimmen das Spiel. Das System versteht gewissermaßen nur seine eigene Sprache. Der Ruf, den man bei uns gelegentlich hört, da müsste der Bischof (oder der Pfarrer) einfach mal auf den

Tisch hauen, folgt einer Illusion. Denn was würde geschehen? Widerstände würden geweckt, die Aufmerksamkeit würde erst recht auf eine Sache gelenkt, die vielleicht vorher völlig unwichtig war, Nebenwirkungen und Spätfolgen würden ausgelöst, Diskussionen, Solidarisierungen, Polarisierungen ... – und am Ende käme etwas ganz anderes heraus als ursprünglich angezielt war –, eine Erfahrung übrigens, die man auch ständig in der Erziehung machen kann; denn auch Menschen sind komplexe Systeme, die sich nicht einfach linear steuern lassen.

Beispiel aus der Praxis:

Auf der Dekanatskonferenz soll die künftige Bildung neuer Seelsorgsstrukturen den Pfarrern und pastoralen Mitarbeiterinnen und Mitarbeitern nahe gebracht werden. Der junge Referent aus dem Bischöflichen Ordinariat spricht über die Bedeutung der „lernenden Organisation", redet von „change management" und verändertem Kundenverhalten, auf das die Kirche reagieren müsse. Er spürt die Skepsis und den Widerstand der Kolleginnen und Kollegen, und als er nach Hause geht, hat er das deutliche Gefühl, niemanden für die geplante Veränderung gewonnen zu haben. Es war ihm offensichtlich nicht gelungen, Anschluss an das Denken und die Sprache des Systems zu finden. Möglicherweise wäre er weiter gekommen, wenn er über die ecclesia semper reformanda gesprochen hätte, die Notwendigkeit, dass die Kirche sich immer wieder erneuern muss; oder wenn er das berühmte aggiornamento Johannes' XXIII. in Erinnerung gerufen hätte: die Aufforderung an die Kirche zum „Heutig-Werden"; oder wenn er dazu ermutigt hätte, die „Zeichen der Zeit" wahrzunehmen und sich auf sie einzustellen. Dann wäre vielleicht die Lust geweckt worden, neue Wege zu gehen, und dann wäre vielleicht auch ein zaghaftes Interesse an den Neuerungsplänen des Ordinariates spürbar gewesen ...

Für die Gemeindeentwicklung bedeutet das, dass wir nicht einfach auf einlinige Maßnahmen setzen können, als ließe sich ein Entwicklungsprozess quasi per pastoralen Knopfdruck auslösen. Gleichzeitig wissen wir aber auch, dass unsere Gemeinden wie alle Organisationen sensible Kräftefelder sind, in denen – einem Mobile gleich – jede Bewegung sich auf das Ganze auswirkt. Die Schwingungen des Systems zu verstehen und zu nutzen, darum geht es einer lernenden Organisation.

Mitarbeiterinnen und Mitarbeiter müssen die systemischen Muster durchschauen, nach denen ihre Organisation funktioniert. Wer beispielsweise ein innovatives Projekt in seinem Bistum durchführen will, benötigt nicht nur fachliche Kompetenz in Projektmanagement, sondern muss auch wissen, nach welchen geheimen Regeln jenseits der offiziellen Wege Entscheidungsprozesse stattfinden: Wer muss die Idee bei wem einbringen? Aus welcher Fraktion werden Widerstände kommen? Welches Gewicht haben Fragen der Finanzierung? Welche Vorbehalte oder Ängste können möglicherweise geweckt werden? Ist es förderlich, zuerst die Zustimmung des Diözesanrats zu gewinnen oder führt ein informelles Gespräch mit dem Generalvikar schneller zum Ziel? Wie kann man vermeiden, dass die mittlere Verwaltungsebene das Projekt torpediert? Wie viel Öffentlichkeitsarbeit ist nötig, und ab wann kippt die Sache, weil eine zu ausführliche Präsentation in den Medien Neid und den Vorwurf der Profilierungssucht hervorrufen?

Systemisches Denken verändert auch den Leitungsstil.[16] *Der hierarchische bzw. feudale Führungsstil, der nach den Prinzipien der „3 K" durch* Kommandieren, Kontrollieren, Korrigieren *die Geschicke der Organisation zu lenken versucht, wird einem komplexen System nicht gerecht. Stärker auf die Eigenmotivation und Selbstverantwortung setzt der kooperative bzw. demokratische Leitungsstil, der sich nach den „3 F" ausrichtet:* Fordern, Fördern, Feedbacken. *Beide Führungsstile haben gemeinsam, dass sie auf direkte Einwirkungen auf die Mitarbeiterinnen und Mitarbeiter vertrauen. Systemische Führung verlässt diesen direkten Weg und baut darauf, dass komplexe Organisationen nachhaltiger gesteuert werden durch die Faktoren* Kontext, Kultur und Kräfte.
Ein Beispiel aus der Erziehung mag dies verdeutlichen: Auf ein verhaltensauffälliges Kind reagieren autoritäre Eltern möglicherweise durch noch

[16] Vgl. Ulrich Müller-Weißner, Chef sein im Haus des Herrn. Führen und Leiten in der Kirche – eine Praxishilfe, Gütersloher Verlagshaus, Gütersloh 2003, 115–136.

mehr Kommandos, Kontrollen und Korrekturen. Pädagogisch sensiblere Eltern mit einem anderen Menschenbild werden vielleicht versuchen, durch individuelle Förderung, persönliches Feedback und klare Forderungen das Verhalten des Kindes günstig zu beeinflussen. Systemische Familientherapie wählt dagegen einen anderen Blickwinkel: Die Verhaltensauffälligkeit des Kindes darf nicht isoliert gesehen und behandelt werden. Am Verhalten des Kindes zeigt sich möglicherweise eine Störung des Familiensystems. Das Kind ist lediglich das Symptom für diese Störung. Deshalb muss auch die Bearbeitung im System selbst ansetzen. Der Kontext ist entscheidend; die „Kultur", die in einer Familie, einem Betrieb, einer Pfarrgemeinde das Klima prägt und unterschwellig das Verhalten beeinflusst; die Kräfte, die wirksam sind und untereinander in Verbindung stehen.

Peter Senge hat zehn Einsichten zum systemischen Handeln formuliert, von denen ich drei auswähle, die auch für die Gemeindeentwicklung bedeutsam sind:

1. *„Die Lösungen von gestern sind die Probleme von heute" (75).*
   Das heißt: Problemlösungen beseitigen oft nur vordergründig das Problem oder bringen gar nur Symptome zum Verschwinden. Oft taucht es an anderer Stelle oder in anderer Form wieder auf. Die Drogenfahnder in New York konnten alle Dealer in der 30. Straße verhaften. Kurz darauf stellten sie fest, dass sich das Drogenzentrum einfach in die 40. Straße verlagert hatte. Es gelang ihnen, eine größere Drogenlieferung abzufangen. Die Folge davon: Die Beschaffungskriminalität nahm drastisch zu, weil durch das knapper werdende Angebot die Preise gestiegen waren. Oft sind es in der Tat die vermeintlichen Lösungen, die gleichzeitig das Problem erzeugen.

Ein Pfarrgemeinderat beobachtet, dass im Sonntagsgottesdienst nur wenige Kinder vertreten sind. Deshalb beschließt er zusammen mit dem Pfarrer, dass einmal im Monat ein kindgerecht gestalteter Familiengottesdienst stattfinden soll. Tatsächlich kommen zu diesen Familiengottesdiensten dreimal so viele Kinder wie sonst. Allerdings fehlen jetzt an den anderen Sonntagen junge Familien mit Kindern fast völlig. Sie kommen nur noch zu „ihrem“ Gottesdienst. Die Lösung des einen Problems hat gleichzeitig ein neues Problem geschaffen.

Das lässt sich letztlich gar nicht vermeiden, aber es macht aufmerksam: Vorsicht vor „einfachen“ oder „schnellen“ Lösungen!

2. *„Je mehr man sich anstrengt, desto schlimmer wird es“ (76).*
   Solche kompensatorischen Rückkopplungseffekte kennen wir auch aus unserem Alltag. Je stärker Eltern ihrer minderjährigen Tochter den Umgang mit ihrem neuen Freund verbieten, desto mehr treiben sie sie ihm in die Arme. Je eifriger ein Autoverkäufer das neue Modell anpreist, umso misstrauischer und vorsichtiger wird der Kunde. Je mehr ein Pfarrer über die Passivität seiner Gemeindemitglieder schimpft und sie zur Mitarbeit auffordert, umso mehr fühlen sie sich verprellt und ziehen sich zurück.
   Blinder Eifer schadet nur. Gute Segler verstehen es, auch mit dem Gegenwind zu segeln.

Der Beauftragte für Öffentlichkeitsarbeit in einem Pfarrgemeinderat bombardiert die Lokalredaktion der Tageszeitung mit ausführlichen Berichten über die Arbeit des Pfarrgemeinderats und das Leben der Pfarrgemeinde. Als er feststellen muss, dass nicht alle Artikel erscheinen, liefert er noch mehr, und weil manche Texte nur in gekürzter Form gebracht werden, macht er seine Artikel länger, damit auch nach einer Kürzung noch genug übrig bleibt. Als das immer noch nichts hilft, beschwert er sich beim zuständigen Redakteur und später auch bei dessen Chef. Diese haben das Gefühl, von Seiten der Kirche solle Druck auf die freie Presse ausgeübt werden und berichten noch seltener und insgesamt wesentlich kritischer über die Arbeit des Pfarrgemeinderats als bisher …

3. *„Ursache und Wirkung liegen räumlich und zeitlich nicht nahe beieinander“ (82).*
   Unsere Wahrnehmung und unser Denken führen uns häufig in die Irre, weil wir Ursache und Wirkung oft zu nahe beieinander sehen. Wenn zu

wenig Wohnungen da sind, bauen wir neue. Wenn Menschen verhungern, schicken wir Lebensmittel. Anderes fällt uns nicht ein. Haben wir damit wirklich die Ursache des Problems beseitigt? Die langfristigen Folgen unseres Handelns liegen außerhalb unseres Blicks. Weil wir linear von der Wirklichkeit denken, glauben wir, sie funktioniere auch linear.

In einer Diözese gibt es zu wenig Priester, und Gemeinden geraten deshalb in eine Krise. Also schickt man ihnen vermehrt Priester aus dem Ausland, um die Lücke zu stopfen. Aufs Erste ist die Gemeinde zufrieden. Welche Nebenwirkungen und Spätfolgen aber dadurch eintreten können, zeigt sich bald:

- *Die Qualität der Predigten und Gottesdienste sinkt aufgrund der sprachlichen Schwierigkeiten.*
- *Viele Gläubige sind unzufrieden und wandern ab.*
- *Die Nachbarpfarrer werden als „Ausweichmöglichkeit" zusätzlich belastet, vor allem, wenn es um Trauungen oder Taufen geht und die Betroffenen bei ihnen nachfragen, ob sie diese Feiern übernehmen könnten.*
- *Die Gemeinden bleiben pfarrerzentriert, statt sich selbst als Subjekt der Seelsorge zu verstehen.*
- *Mitarbeiterinnen und Mitarbeiter werden demotiviert, weil die ausländischen Pfarrer oft keine Teamkultur kennen und dem Priesterbild ihres Herkunftslandes verhaftet sind.*
- *Den Jugendlichen begegnet auf diese Weise ein wenig attraktives Priesterbild, und die Motivation, in diesen Beruf zu gehen, sinkt noch mehr.*

Das ist ein Problem unserer Wahrnehmung. Wirkungen, die wir nicht spüren, übersehen wir leicht. Vor allem sehr langsame, schleichende Prozesse entgehen uns. Senge erinnert an das etwas makabre Beispiel vom gekochten Frosch: Wenn man ihn in einen Topf mit kochendem Wasser setzt, wird er sofort versuchen, herauszuklettern. Wenn das Wasser Zimmertemperatur hat, bleibt er sitzen. Erwärmt man das Wasser ganz allmählich, bewegt

sich der Frosch nicht. Erst fühlt er sich sichtlich wohl, dann wird er immer schlapper, bis er unfähig ist, sich zu retten. Er bleibt buchstäblich sitzen, bis er kocht.
Für Entwicklungsprozesse in der Gemeinde brauchen wir also eine andere Art von Wahrnehmung. Wenn wir nur dramatische Ereignisse und gravierende Veränderungen registrieren, bleiben wichtige Entwicklungen außerhalb unseres Blicks. Was wir brauchen, ist eine geradezu seismographische Sensibilität für Bewegungen und Störungen in unserem System. Sonst bleiben wir immer in der Gefahr, unser Grobbild von der Wirklichkeit mit der Realität selbst zu verwechseln.

8. Leitbildentwicklung

Erfüllt zu sein von einer Vision, das ist, wie wir gesehen haben, ein zentraler Faktor der Gemeindeentwicklung. Im Dreischritt SEHEN – URTEILEN – HANDELN ist die Vision dem URTEILEN zuzuordnen. Der Gesamtprozess wird heute oft unter dem Schlagwort „Leitbildentwicklung" zusammengefasst.
„Leitbild" ist seit Jahren ein Zauberwort. Wenn ein Krankenhaus einen Qualitätsmanagementprozess in Gang setzt, wenn ein Bildungswerk ein neues Konzept für seine Öffentlichkeitsarbeit entwirft, wenn ein Verband neue Wege sucht, um sich auf die Herausforderungen der Zukunft einzustellen, dann wird oft der Ruf nach einem Leitbild laut.
In den letzten Jahren gehen auch immer mehr Pfarrgemeinden dazu über, ein Leitbild für sich zu entwickeln. Die Anlässe dafür können ganz verschieden sein:

- Eine Innenstadtpfarrei will ihre Rolle im städtischen Umfeld und im Kontext der anderen Konfessionen und Religionen klären: Wer sind wir in dieser Stadt als katholische Pfarrgemeinde? Wofür stehen wir? Was ist unser Auftrag? Was finden Menschen bei uns? Was macht uns unverwechselbar und bedeutsam in dieser Stadt? Was würde fehlen, wenn es uns nicht gäbe? …
- Ein Pfarrgemeinderat will einen Gemeindeentwicklungsprozess anstoßen. Neue Mitarbeiterinnen und Mitarbeiter sollen gewonnen werden.

Die Kräfte sollen auf die Aufgaben konzentriert werden, die für das Gemeindeleben wichtig sind und die Pfarrgemeinde im Sinne des Evangeliums voranbringen. „Schwerpunktsetzung", „Geistliche Erneuerung", „Zukunftsfähigkeit" sind Stichworte, die dabei eine Rolle spielen ...

- Drei Pfarreien schließen sich zu einer Pfarreiengemeinschaft zusammen, für die nur noch ein Priester zur Verfügung steht. Ein Jahr vor dem Zusammenschluss erarbeitet jede Pfarrei ihr eigenes Profil, um zu verdeutlichen: Was bringen wir ein in die neue Gemeinschaft? Was kennzeichnet uns? Was hat unseren bisherigen Weg geprägt? Wo liegen unsere Stärken? Was gehört zu uns und liegt uns so am Herzen, dass wir es auch in dem neuen Verbund nicht missen wollen? ...

In solchen Situationen erfüllt ein Leitbild mehrere Funktionen: Nach *innen* schafft es Orientierung, indem es deutlich macht, welchen Zielen und Werten sich die Organisation verpflichtet fühlt und in welche Richtung sie sich entwickeln soll. Solche visionären Leitideen können gleichzeitig Motivation freisetzen, weil sie Menschen durch ein attraktives Bild davon, wie die Organisation sein sollte, inspirieren. Die Mitglieder der Organisation, in der Pfarrgemeinde vor allem die haupt- und ehrenamtlichen Mitarbeiterinnen und Mitarbeiter, werden durch das Leitbild leichter in die Organisation integriert; denn es vermittelt ihnen den Sinn und Zweck der Organisation, beschreibt die Aufgaben, Werte und Ziele und zeigt ihnen damit auch, was von ihnen erwartet wird, wo ihr Platz ist und wofür sie sich gemeinsam einsetzen sollen. Schließlich dient es auch der kritischen Reflexion, indem es einen Maßstab bietet, mit dessen Hilfe eine Organisation selbstkritisch überprüfen kann, ob sie das wirklich ist, was sie sein will bzw. was sie zu sein vorgibt. Wenn etwa eine Pfarrgemeinde die „Option für die Armen" auf ihre Leitbild-Fahne geschrieben hat, muss sie sich daran messen lassen, ob sie auch in ihrer Praxis diesem Anspruch gerecht wird.

Nach *außen* ist das Leitbild eine Präsentation der Organisation. Sie macht deutlich, was sie ist, wie sie sich versteht und was sie leistet. Damit legitimiert das Leitbild auch den Sinn einer Organisation und begründet ihren Zweck.

Das Leitbild ist die „Visitenkarte" eines Unternehmens oder einer Organisation, gleichzeitig aber auch eine Art „Orientierungs- und Entwicklungslandkarte", aus der hervorgeht, in welche Richtung der künftige Weg führen soll. Manche Autoren vergleichen das Leitbild auch mit dem „Grundgesetz", weil hier wie in einer Verfassung festgehalten wird, auf welche Werte und Prinzipien sich eine Organisation verpflichtet und auf welchen Grundstrukturen sie aufbaut.

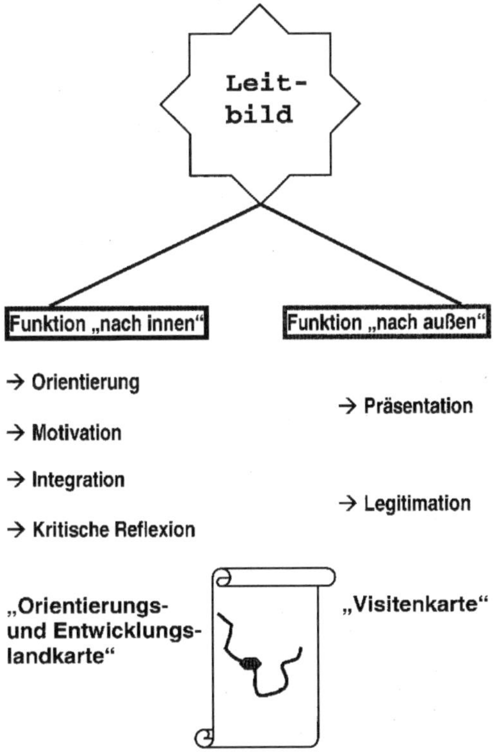

Die beiden Grundschritte einer Leitbildentwicklung orientieren sich an den Fragen: „Wo stehen wir?" und „Wo wollen wir hin?" Im ersten Fall geht es um eine gegenwartsbezogene Analyse des IST-Stands, im zweiten um eine zukunftsbezogene Festlegung des SOLL-Werts.
Der dritte Schritt, der noch dazu kommt, besteht in der praktischen Umsetzung, d. h. er beschreibt den Weg, der gegangen werden soll.
Die Bestandsaufnahme beinhaltet einen Blick in die Vergangenheit und einen Blick auf die Gegenwart. Die Vergangenheit kann Aufschlüsse darüber

geben, wie eine Pfarrgemeinde so geworden ist, wie sie ist. Vieles verstehen wir erst, wenn wir wissen, wie es gewachsen ist. Die Geschichte einer Organisation verdient Wertschätzung und Respekt. Aber auch die Herausforderungen der Gegenwart müssen in den Blick genommen werden: Wie ist die jetzige Situation der Pfarrgemeinde und wie sieht ihr Kontext aus? Zuspitzen kann man diesen ersten Schritt in eine Stärken-Schwächen-Analyse. Dabei ist es wichtig, die Stärken und Schwächen der Pfarrgemeinde nicht nur aus der Binnenperspektive zu erheben, sondern auch die Sicht „Außenstehender" einzubeziehen. Bei Leitbildprozessen von Wirtschaftsunternehmen wird deshalb immer Wert darauf gelegt, auch die Sicht der Kunden einzubeziehen.

1. Schritt: Bestandsaufnahme

Wer sind wir? Wo kommen wir her?
Welchen Herausforderungen sehen wir uns gegenüber?

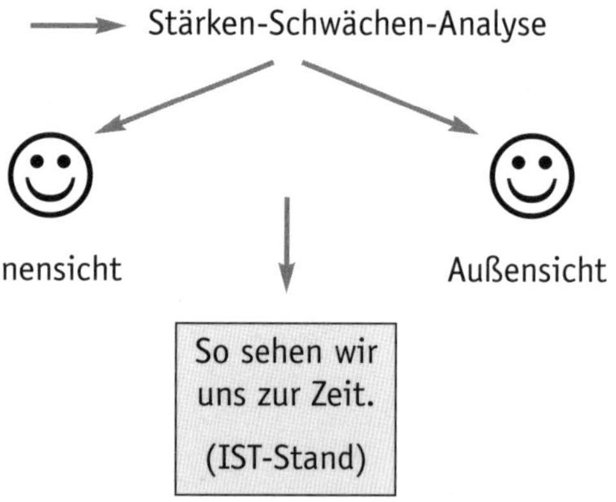

Wenn eine Pfarrgemeinde, ein Verband oder eine Einrichtung das eigene Profil entwickeln will, kommt es entscheidend auf die Visionsarbeit an: Welches Bild von uns selbst inspiriert unseren Weg? An welchem Leitstern orientieren wir uns? Aus welcher Vorstellung schöpfen wir Hoffnung und Kraft? Wenn es gelingt, das „Gestaltbild" zum Leuchten zu bringen, auf das hin wir uns entwickeln wollen, entfaltet dieses Bild große Attraktivität und setzt entsprechende Motivation frei.

Als „Oase mit frischem Wasser“ wollte sich eine moderne Stadtrandgemeinde verstehen. Hier sollten Menschen Rast finden auf ihrem Lebensweg und „auftanken“ können für die weitere Reise. Die Vision der Gastfreundschaft auf Zeit prägte das Gemeindeleben. Nicht mehr die lebenslange Bindung und Begleitung der Menschen war das Ziel, sondern die intensive Begegnung und das offene Willkommen auch für „Durchreisende“.

Dabei ist es wichtig, die Vision rückzubinden an die Erfahrungen der Bibel. Die biblische Überprüfung zeigt, ob die Vision mehr ist als die Lieblingsidee einiger Engagierter, ob sie verankert ist im Hoffnungspotential der biblischen Verheißung und ob sie gespeist wird aus der Kraft des Evangeliums.
Visionen allein reichen nicht aus. Sie müssen konkretisiert werden in klaren, überprüfbaren Zielen. Aus den Zielen wiederum ergeben sich die Aufgaben. Aufgaben sind die Schritte, die getan, die Maßnahmen, die ergriffen werden müssen, um die Ziele zu erreichen. Ziele und Aufgaben darf man nicht miteinander verwechseln: Ein Ziel benennt einen wünschenswerten Zustand, eine Aufgabe bezeichnet die Tätigkeit, die diesen Zustand herbeiführen hilft. (Eine Überprüfung muss ergeben, dass Aufgaben immer mit aktiven Verben formuliert werden können.)
Schließlich werden in einem Leitbild auch noch die „Spielregeln“ genannt, die zum Profil der Gemeinde gehören. „Jeder bestimmt selbst, ob, wie und wie lange er sich am Gemeindeleben beteiligen will. Jede ist willkommen. Niemand wird vereinnahmt.“ – So lautete ein Grundsatz in der oben genannten Pfarrgemeinde, die der Vision der Gastfreundschaft folgte.

2. Schritt: Profilentwicklung

Wo wollen wir hin?
Wer wollen wir sein?

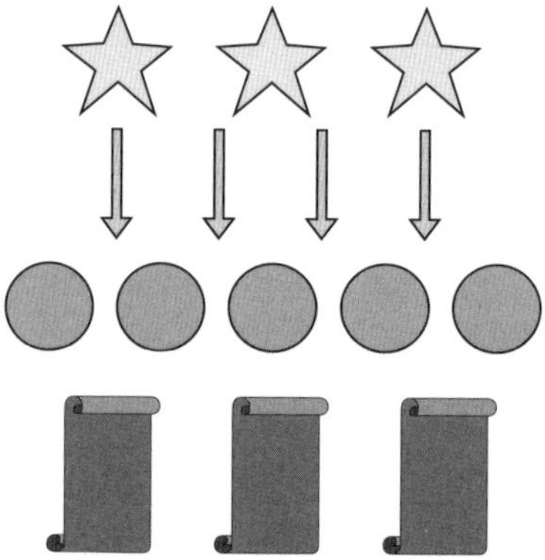

Viele schöne Leitbilder sind auf Hochglanzpapier verewigt, bleiben aber in der Gemeindepraxis wirkungslos. Um dies zu verhindern, muss die Umsetzung mit großer Aufmerksamkeit und Hartnäckigkeit verfolgt werden. Es ist sinnvoll, wenn das Leitbild selbst die Schritte angibt, die gegangen werden sollen, wenn es den Weg beschreibt, der jetzt auf die Pfarrgemeinde zukommt.
Drei Schlüsselfaktoren, die für die Umsetzung entscheidend sind, sollen eigens benannt werden:

- Betroffene sollten in möglichst hohem Maß an der Erarbeitung und Umsetzung des Leitbilds beteiligt werden. Wenn das Hauptamtlichenteam in einer Pfarrgemeinde aus einer internen Klausurtagung zurückkommt und der Gemeinde das dort erarbeitete neue Leitbild verkündet, stehen die Chancen für eine gemeinsame Umsetzung schlecht. Besser ist es, wenn ein öffentlicher Suchprozess stattfindet in Form einer Zukunftskonferenz oder wie auch immer – auf jeden Fall sollten die Gemeindemitglieder über alle Schritte informiert und möglichst in allen Phasen einbezogen werden.

- Ein Leitbild muss kommuniziert werden, damit es seine Wirkung entfalten kann. Eine Visitenkarte, die niemand zu sehen bekommt, eine

Entwicklungslandkarte, die niemand kennt, verfehlen ihren Zweck. Nach außen und nach innen muss sich das Leitbild ausbreiten. Neue Mitarbeiterinnen und Mitarbeiter werden von ihm angesteckt. Die Öffentlichkeit sieht die Gemeinde in einem neuen Licht. Die Kommunikation des Leitbilds schafft Transparenz, die Pfarrgemeinde gibt Rechenschaft von der Vision, die sie bewegt, und von dem Weg, den sie gehen will.

- Damit das Leitbild nicht wirkungslos verblasst, bedarf es ständiger Auswertungsprozesse: Wo stehen wir? Was haben wir erreicht? Was ist noch nicht umgesetzt? Welche Aufgaben wurden erfüllt, welche Ziele verwirklicht? Nur wenn solchen Fragen systematisch nachgegangen wird, bleibt eine Organisation bei der Umsetzung ihres Leitbilds am Ball. Das sollte ein Grundprinzip jeder lernenden Organisation sein: Wir reflektieren unseren Weg; nur dann können wir uns dorthin entwickeln, wohin wir wollen.

3. Schritt: Umsetzung

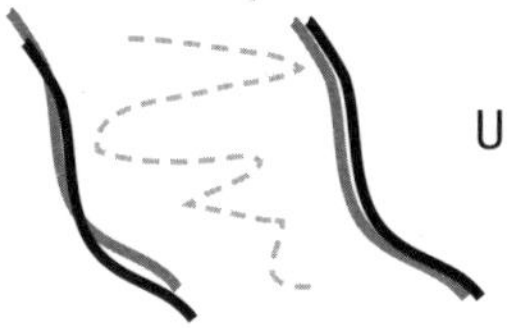

Unser Weg

Was werden wir tun?
Wie sieht der weitere Weg aus?

Partizipation

Kommunikation

Controlling

9. Leitung wahrnehmen

9.1 Problemanzeigen

Christoph P. hat mit dem Theologiestudium begonnen. Er will Priester werden. Den Glauben, von dem er selbst begeistert ist, an andere weiterzugeben, und Menschen, die Hilfe brauchen, seelsorgerlich zu begleiten, das sind seine Hauptmotive. 10 Semester lang studiert er Kirchengeschichte und Exegese, Dogmatik und Religionspädagogik, absolviert Praktika und Predigtübungen, belegt Kurse in Gesprächsführung und Krankenhausseelsorge. Nach der Abschlussprüfung, dem praktischen „Pastoraljahr" und dem Diakonat wird er zum Priester geweiht. Danach ist er vier Jahre als Kaplan in zwei unterschiedlichen Pfarreien eingesetzt, engagiert sich in der Jugendarbeit, erteilt Religionsunterricht, sammelt Erfahrungen in der Gemeindekatechese und der Caritasarbeit. Jetzt hat er seine erste Pfarrstelle angetreten. Unversehens findet er sich in der Rolle, ein „mittleres Unternehmen" leiten zu müssen. Neben der Kirche und dem Pfarrhaus sind ein großes Pfarrheim mit Kegelbahn und eine barocke Waldkapelle zu unterhalten. Dazu kommen ein Kindergarten für sechs Gruppen mit Außenanlagen und der Vorsitz bei der örtlichen Sozialstation. Neben den zehn Frauen, die im Kindergarten beschäftigt sind, gehören zum „Stammpersonal" eine Gemeindereferentin, eine Pfarrsekretärin, ein Hausmeisterehepaar, ein hauptamtlicher Mesner und „ein halber" Kirchenmusiker. Demnächst, wenn der Nachbarpfarrer in den Ruhestand geht, bekommt er dessen Pfarrei dazu, weil im Plan der Diözese eine Pfarreiengemeinschaft vorgesehen ist.

Christoph P. erlebt jetzt etwas, das typisch ist für viele Pfarrer: Ihre Primärmotivation für den Priesterberuf ist der Dienst am Menschen und die Verkündigung und Feier des Glaubens. Es sind – organisationstheoretisch gesprochen – *„Fachaufgaben"*, die sie wahrnehmen wollen, für die sie ausgebildet sind, die ihre ersten Berufsjahre geprägt haben. Jetzt aber, beim Antritt der ersten Pfarrstelle, müssen sie zunehmend *„Führungsaufgaben"* übernehmen. Je mehr jemand in der Hierarchie eines Unternehmens aufsteigt, um so mehr nehmen seine Führungsaufgaben zu und seine Fachaufgaben ab. Für Christoph P. führt das zu einer Berufskrise. Er fühlt sich für diese Aufgabe weder genügend ausgebildet noch ausreichend motiviert. Bibeltexte zu interpretieren und darüber zu predigen, das hat er gelernt, aber Kindergartenpersonal einzustellen und arbeitsrechtliche Konflikte zu lösen? Viel lieber hält er Religionsunterricht, als dass er Sitzungen leitet; die Gestaltung einer würdigen Liturgie liegt ihm weit mehr am Herzen als die Haushaltsplanung, die Gebäudesanierung oder die Nutzungsordnung für das Pfarrheim. Schließlich ist er Seelsorger und nicht Kirchenfunktionär, Priester und nicht Manager! So verausgabt er sich nach wie vor in seinen „Fachaufgaben", und Arbeit gibt es wahrlich genug! Die Führungsaufgaben werden dadurch vernachlässigt. Obwohl Christoph P. bis zur Erschöpfung arbeitet, hat er das Gefühl, mit dem „Betrieb" geht es trotzdem bergab. Personalkonflikte bringen Sand ins Getriebe, Renovierungsmaßnahmen schleppen sich endlos hin, und das Gefühl breitet sich aus, dass er alle Kraft benötigt, um sich so gerade eben durch das Kirchenjahr zu bringen.

Neben einem nicht selten anzutreffenden Leitungsmangel wird in vielen Gemeinden aber auch das genaue Gegenteil beklagt: ein autoritärer Führungsstil des Pfarrers, fehlende Dialogbereitschaft, selbstherrliche Überschätzung der eigenen Rolle bis hin zum offenen Machtmissbrauch.

Ein Beispiel dafür habe ich vor Jahren bei der Erstkommunionfeier meines Neffen in einem unterfränkischen Dorf erlebt: Schon am Kircheneingang macht ein Schild darauf aufmerksam, dass in dieser Pfarrei keine Handkommunion gereicht wird. Der Gottesdienst wird formalistisch abgespult. Kein persönliches Wort an die Kinder, kein Lektor, keine Kommunionspenderin aus der Gemeinde, ein einziger „Alleingang" des Pfarrers, Gebetstexte aus dem alten „Ave Maria", das vor 40 Jahren in Gebrauch war … Auf meine Nachfrage erfahre ich, dass auch kein Pfarrgemeinderat existiert. „Acht Jahre haben wir gekämpft, jetzt lassen wir ihn halt machen", bekomme ich zu hören. Die Resignation ist unverkennbar. Es bleibt nur der stille Rückzug. Die halbleere Kirche am Weißen Sonntag spricht Bände …

Eine dritte Problemanzeige betrifft die Frage, wer die Gemeinde leiten darf. Vor allem, wenn kein Pfarrer mehr am Ort wohnt, spitzt sich diese Frage zu. Die liturgische und sakramentale Versorgung lässt sich zwar sicherstellen: durch den Pfarrer der Hauptpfarrei, durch auswärtige Priester, die zur Aushilfe geholt werden, oder durch Ruhestandsgeistliche, die am Ort wohnen, – aber echte Gemeindeleitung kann oft nicht mehr wahrgenommen werden. Dazu braucht es feste Bezugspersonen, die in der Gemeinde verwurzelt sind, eingebunden in die Beziehungen und das Leben der Menschen. Seit Jahren wird deshalb diskutiert, ob und in welcher Hinsicht Laien mit Aufgaben der Gemeindeleitung betraut werden können. Ein theologisches Minenfeld wird damit betreten, und es ist interessant zu beobachten, mit welchen sprachlichen Verrenkungen vermieden wird, solche „Bezugspersonen", „Ansprechpartner", „Pfarrassistenten", „Vertrauenspersonen" oder „Pfarrbeauftragte" als das zu bezeichnen, was sie von ihrer Funktion her eigentlich sind: Leiterinnen und Leiter von Gemeinden.

9.2 Hinweise zum Leitungsdienst in der Pfarrgemeinde

Was heißt: „Gemeinde leiten"?

Leitung ist – ganz allgemein gesprochen – das „Steuerungssystem einer Organisation".[17] Es sorgt dafür, dass die Gruppe bzw. die Organisation auf ihr Ziel hin in Bewegung bleibt, also ihre Aufgabe effektiv erfüllt, und dass dabei der innere Zusammenhalt der Gruppe bzw. Organisation gewahrt und gestärkt wird, so dass die Beziehungen und der Umgangsstil human und sozialverträglich gestaltet sind.
Auch wer eine Gemeinde leitet, nimmt zielführende und gruppenerhaltende Aufgaben wahr. Leitungspersonen schauen gewissermaßen mit einem Auge nach „außen", mit dem anderen nach „innen". Sie sorgen also dafür, dass die Gemeinde ihren Auftrag und ihre Sendung erfüllt und dass gleichzeitig die geschwisterliche Gemeinschaft wächst. Gemeindeleitung ist damit *Dienst an der Evangelisation,* also jener Grundaufgabe der Kirche, alle Bereiche des Lebens in Wort und Tat mit dem Glauben zu durchdringen, und *Dienst an der Einheit,* der unter anderem darin besteht, die viel-

17 E. R. Schmidt/H. G. Berg, Beraten mit Kontakt. Handbuch für Gemeinde- und Organisationsberatung, Burckhardthaus-Laetare Verlag, Offenbach 1995, 437.

fältigen Charismen zu entdecken, zu fördern und zusammenzuführen. Insgesamt gilt: „Das Leitungshandeln in der Gemeinde findet seinen theologischen Ort innerhalb eines Verständnisses der Kirche als Weggemeinschaft. Leitung soll dazu beitragen, dass Gottes Volk seinen Weg findet."[18]

Die zwei zentralen Leitungsaufgaben

Die Leitungsfunktion umfasst ein ganzes Bündel von Teilaufgaben. R. und G. Stroebe schlagen folgende Differenzierung vor:

„- Auseinandersetzen mit Problemen
- Ziele vereinbaren
- Planen
- Entscheiden
- Mitarbeiter auswählen, beurteilen, fördern
- Delegieren, koordinieren, organisieren
- Informieren
- Motivieren
- Kontrollieren"[19]

Ich will im Rahmen dieser Hinweise zwei Leitungsaufgaben besonders unterstreichen: *„Visionsarbeit"* und *„Kommunikationsarbeit"*:

- Über die Bedeutung von Visionen wurde ja bereits ausführlich gesprochen. Eine Organisation – sei es ein Wirtschaftsunternehmen, ein Verein oder eben eine Pfarrgemeinde –, der die Visionen abhanden gekommen sind, wird kraftlos, „altert" und erstarrt zu bloßer Bürokratie und Administration. Wer die Gemeinde leitet, wird deshalb dafür sorgen müssen, dass die Ursprungsvision der Kirche und des Glaubens wieder zum Leuchten kommt: die gute Nachricht von der Nähe Gottes, der einst seinen Namen als „Jahwe – Ich bin für euch da" geoffenbart hat, und von Jesus Christus, in dessen Schicksal der Sieg des Lebens und der Liebe über alle Unheilsmächte sichtbar geworden ist.
  Dabei ist keineswegs verlangt, dass die Leitungsperson selbst diese Visionen entwerfen muss. Nicht jeder Führer, nicht jede Führerin ist ein Visionär. Für „Visionszufuhr" zu sorgen, kann auch heißen, Menschen mit prophetisch-visionärem Charisma zu suchen und zur Geltung kom-

[18] G. Breitenbach, Gemeinde leiten. Eine praktisch-theologische Kybernetik, Kohlhammer Verlag, Stuttgart 1994, 38.

[19] R. Stroebe/G. Stroebe, Grundlagen der Führung, Sauer Verlag, Heidelberg ^{5}1987, 33.

men zu lassen oder Prozesse der Visionsarbeit zu initiieren, die – nach einem schönen Bild Zulehners – dazu führen, dass viele kleine „Visions-Rinnsale“ zu einem großen Strom zusammenfließen.

- Diese Zielorientierung muss begleitet werden von einer Beziehungsorientierung. Kommunikation ist das A und O jeder Führungstätigkeit. Auch hier wäre ein ganzes Bündel von Einzelaspekten zu nennen: Für einen reibungslosen Informationsfluss sorgen, damit Entscheidungen und gemeindliche Vorgänge transparent werden; Beziehungen pflegen und Beziehungsprozesse fördern, damit in der Gemeinde ein immer dichteres Beziehungsnetz wachsen kann; Störungen und Konflikte konstruktiv bearbeiten, damit ein geschwisterlicher Umgangsstil gerade auch in belastenden Situationen reifen kann; Sensibilität für die biographischen Hintergründe entwickeln und für das, was in einer Begegnung heilend und befreiend geschehen kann, damit nicht nur Mitarbeiterinnen und Mitarbeiter oder Adressaten unserer Verkündigung, Seelsorge und Liturgie in den Blick kommen, sondern Menschen mit ihrem einmaligen Schicksal und ihrer unverwechselbaren Berufung vor Gott.

Neue Formen der Gemeindeleitung

Die Wahrnehmung von Leitungsaufgaben (kyberneseis: 1 Kor 12,28) gehört zu den frühchristlichen Charismen, die grundsätzlich für alle offen waren. Schon bald haben sich Aufgabe und Amt der Gemeindeleitung mit dem Vorsitz bei der Eucharistiefeier verbunden. Gerade in kleinen Gemeinden ohne Pfarrer am Ort müssen heute unter den gegenwärtigen Zulassungsbedingungen zum Priesteramt neue Wege gefunden werden, den Leitungsdienst sicherzustellen, auch wenn er nicht mehr in vollem Umfang vom Pfarrer wahrgenommen werden kann. Die Rolle des Pfarrgemeinderatsvorsitzenden gewinnt dadurch an Bedeutung. Er bzw. sie übernimmt nicht selten in solchen Situationen die „interne“ Leitung. Das heißt, dass er oder sie sich besonders um die gruppenerhaltenden Aspekte der Leitung kümmert, da er/sie ja in der Gemeinde lebt und in ihr Beziehungsnetz eingebunden ist, während der Priester als „externer“ Leiter stärker die vom Evangelium vorgegebenen Ziele im Blick hat und dem Bischof gegenüber die Verantwortung übernimmt, dass die Gemeinde in die Tradition und in die Weltkirche eingebunden bleibt.

Welchen Weg die Kirche der Zukunft auch einschlagen wird: Ohne kooperative Leitung im Sinne einer Beteiligung verschiedener Kräfte wird es nicht mehr gehen. Auch ehrenamtlich engagierte Frauen und Männer werden zunehmend Leitungsverantwortung übernehmen müssen und benötigen dafür entsprechende Leitungskompetenz.

9.3 Gruppen leiten

Unter den vielfältigen Leitungsaufgaben kommt der Aufgabe, Gruppen oder Gremien zu leiten, eine besondere Bedeutung zu:

Aufgaben des Gruppenleiters/der Gruppenleiterin
Wer eine Gruppe oder ein Gremium leitet, hat – wie oben bereits erwähnt – zwei große Aufgaben: Er muss dafür sorgen, dass das Gruppenziel erreicht wird und dass die Gruppe als Gruppe erhalten bleibt.

Beispiel:

Das Kindergottesdienst-Team der Pfarrei trifft sich, um den nächsten Kindergottesdienst vorzubereiten. Die Gemeindereferentin hat die Leitung.

Gemeindereferentin A ist sehr gruppenorientiert. *Sie lässt viel Raum, dass erst einmal Kontakt entsteht, dass man sich zwanglos unterhält und dass eine angenehme Gruppenatmosphäre herrscht. Als nach einiger Zeit ein Thema für den Gottesdienst festgelegt wird, lädt sie dazu ein, zunächst die persönlichen Gedanken zu dem Thema auszutauschen, und das führt zu regen Diskussionen über theologische Fragen, über die Gemeinde, den Pfarrer, Probleme der Kindererziehung und Schwierigkeiten am Arbeitsplatz. Es wird ein offenes Gespräch, die Gruppe versteht sich gut, die Mitglieder fühlen sich wohl. Aber um 22.30 Uhr ist die Gottesdienstvorbereitung außer der Themenfindung um keinen Schritt weitergekommen.*

Gemeindereferentin B ist mehr zielorientiert. *Sie eröffnet die Runde sofort mit einem Verlaufsplan: Zuerst soll die Themenfestlegung erfolgen, dann werden die Schriftlesungen ausgewählt und die wesentlichen Gestaltungselemente vereinbart. Anschließend werden in Untergruppen Einführung, Fürbitten, Kinderkatechese und musikalische Gestaltung erarbeitet. Zum Schluss erfolgt die weitere Aufgabenverteilung: Wer macht was mit wem bis wann? Um 21.30 Uhr steht der Gottesdienst. Die Gemeindereferentin verabschiedet sich, weil sie noch eine Unterrichtsvorbereitung erledigen muss. Auch die restliche Gruppe verläuft sich schnell. Man ist zufrieden mit dem Ergebnis: Die Arbeit ist geschafft. Aber das Herz ist nicht warm geworden dabei.*

Das Beispiel mag etwas klischeehaft sein, aber es zeigt, dass jede Einseitigkeit ihren Preis kostet. Kurzfristige Erfolge auf der Ebene des Ziels dürfen nicht darüber hinwegtäuschen, dass langfristig auch der Gruppenerhalt gesichert sein muss. Denn wenn eine Gruppe auseinander bricht, weil der Stress zu groß ist oder die Beziehungen zueinander gestört sind, dann kann auch das Ziel nicht erreicht werden. Umgekehrt nützt die beste Gruppenatmosphäre nichts, wenn Gruppenziel und Gruppenzweck aus dem Auge verloren werden.

Das gruppenpädagogische Verfahren der sog. „Themenzentrierten Interaktion" (TZI), das auf Ruth Cohn zurückgeht, ist ein Modell dafür, wie Ziel, Gruppe und Person gleichermaßen im Blick behalten werden:

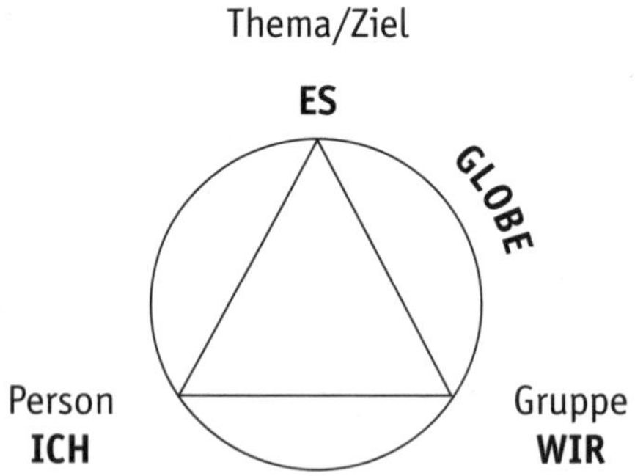

Wer eine Gruppe leitet, muss darauf achten, dass eine dynamische Balance hergestellt wird zwischen den persönlichen Bedürfnissen und Erwartungen der Gruppenmitglieder (ICH), den Beziehungen und der Dynamik in der Gruppe (WIR) und den Erfordernissen des Themas bzw. Ziels (ES). Wie der Name bereits sagt, geht es um eine *Interaktion,* also um einen wechselseitigen Kommunikationsprozess zwischen Personen (ICH – WIR), der aber gleichzeitig auf ein *Thema* bzw. Ziel *zentriert* ist. Als vierter Faktor müssen die Außenbedingungen beachtet werden, von denen die Interaktion geprägt ist, bzw. das Umfeld, in das sie eingebettet ist („Globe").

Wer einen Bibelkreis leitet, wird etwa zuerst darauf achten, dass die beteiligten Personen ihre Sichtweise, ihre Lebens- und Glaubenserfahrung, ihre Geschichte und ihre individuelle Persönlichkeit einbringen können.
Viel hängt dabei bereits von der Formulierung der Einstiegsfrage (des „Themas") ab: Wenn etwa eingeleitet wird mit: „Was will Markus mit diesem Gleichnis sagen?", dann erfolgt der Einstieg über eine Sachfrage, also am oberen Ende des TZI-Dreiecks. Personenbezogener wäre die Formulierung: „Wo spricht das Gleichnis etwas in mir an, wo löst es etwas bei mir aus, wo findet es bei mir, in meinem Leben Resonanz?"
Wenn im Verlauf des Bibelgesprächs Meinungsverschiedenheiten auftreten, die zu einer Störung in der Gruppe führen, muss erst diese Störung bearbeitet werden, bevor die inhaltliche Auseinandersetzung fortgeführt werden kann. Das heißt, die Balance der Interaktion verschiebt sich hin zum rechten Eck, zum Faktor „WIR" des Kommunikationsprozesses.
Es sind auch Situationen denkbar, wo die Interaktion ganz intensiv zwischen Person und Gruppe verläuft, aber das Thema, hier etwa der Bibeltext, ganz aus dem Blick gerät. Dann muss der Gruppenleiter wieder vorsichtig den Prozess auf das Thema hin zurücksteuern, damit die dynamische Balance gewahrt bleibt und das Ziel der Zusammenkunft nicht vergessen wird. Auch das situative Umfeld muss von der Leitungsperson berücksichtigt werden: von der Einhaltung der Zeitstruktur bis zu den räumlichen Rahmenbedingungen oder der kirchlichen bzw. gesellschaftlichen Großwetterlage.

Hinweise zum Leitungsstil

Der Leitungsstil hängt von der eigenen Persönlichkeit ab, aber auch von der Gruppe und von der jeweiligen Situation. Die beiden Extrempunkte sind auf der einen Seite ein autoritärer, direktiver Leitungsstil, auf der anderen Seite ein Laisser-faire-Stil, der die Dinge treiben und sich einfach entwickeln lässt. Dazwischen liegt ein partnerschaftlicher Leitungsstil, der die Gruppe einbezieht, die Gruppenmitglieder fördert, manchmal auch fordert, und durch gemeinsame Zielvereinbarungen und Rückmeldungen Steuerungsimpulse gibt.

Generell gilt der Grundsatz: Der Führungsstil richtet sich nach dem Reifegrad der Geführten. Eine Ministrantengruppe von 13-Jährigen muss anders geführt werden als der Sachausschuss „Caritas". Gleichwohl darf man aber nicht übersehen, dass der Führungsstil sich auch auf das Verhalten und die Arbeitsweise der Gruppe auswirkt. Eine direktive Umgangsweise erzeugt Unselbständigkeit und behindert Mitverantwortung und Kreativität. Laisser-faire-Haltung demotiviert und verunsichert Gruppenmitglieder. Partnerschaftliches und auf Beteiligung setzendes Führungsverhalten aktiviert Gruppen, stärkt das Verantwortungsbewusstsein und die Eigeninitiative.

GruppenleiterInnen übernehmen Verantwortung für die Zielerreichung und für das Gruppenklima und sorgen dafür, dass die zentralen Grundbedürfnisse der Gruppenmitglieder geschützt werden:

- *„Zugehörigkeit:* Jeder Teilnehmende möchte beachtet werden, Dabeisein-Können, auch wenn er sich anders verhält. Er möchte nicht gleich unter den Druck des Sich-ändern-Müssens geraten.
- *Wertschätzung und Zuneigung finden:* Er will mit seiner Art und mit seinen Grenzen respektiert werden. Er möchte ernst genommen und geachtet werden, auch wenn er nicht immer etwas beitragen kann. Er möchte unterstützt werden bei dem Versuch, etwas für ihn Neues auszuprobieren.
- *Einflussnahme:* Er möchte mitbestimmen können, wohin die Reise geht. Er will Störungen und Wünsche äußern dürfen und damit gehört werden. Er will selbst entscheiden, was er tun oder lassen soll.
- *Spielraum haben:* Er möchte experimentieren können, sich verändern dürfen und nicht frühzeitig festgelegt werden."[20]

[20] Barbara Langmaack/Michael Braune-Krickau: Wie die Gruppe laufen lernt. Anregungen zum Planen und Leiten von Gruppen. Ein praktisches Lehrbuch, Beltz Verlag, Weinheim, 7., vollständig überarb. Auflage 2000, 224.

Denkanstoß:

⇨ Diese zentralen Grundbedürfnisse von Gruppenmitgliedern lassen sich natürlich unmittelbar auf den Pfarrgemeinderat übertragen, der ja auch eine Gruppe formeller Art ist. Welche praktischen Konsequenzen haben diese Erkenntnisse aus der Gruppentheorie?

Sonderfall: Gesprächsleitung

Der Filmabend hat großen Anklang gefunden. 45 Jugendliche füllen den Saal. Gerade gehen die Lichter wieder an, der Film ist zu Ende. Jetzt soll ein Gespräch beginnen, in dem die persönliche Betroffenheit zur Sprache kommt, in dem eigene Erfahrungen mit der im Film erzählten Geschichte in Verbindung gebracht werden, in dem Gefühle, Deutungen, Erkenntnisse miteinander geteilt werden.

Ökumenischer Vortragsabend im Pfarrheim. „Ist heute eine Abendmahlsgemeinschaft zwischen katholischer und evangelischer Kirche aus theologischer Sicht möglich?" – so lautet das Thema. Je ein katholischer und ein evangelischer Referent haben dazu Thesen vorgetragen und begründet. Jetzt soll das Publikum in die Diskussion einsteigen.

Punkt 3 der Tagesordnung wird in der Pfarrgemeinderatssitzung aufgerufen. Es geht um die Frage, ob sich die Pfarrei räumlich und personell an der Einrichtung eines offenen Jugendtreffs beteiligen soll. Eine entsprechende Initiative hat das städtische Jugendamt gestartet, und jetzt steht die Pfarrgemeinde vor der Entscheidung, ob sie da mitmachen kann und will.

Jedes dieser Szenarien verlangt eine andere Art der Gesprächsleitung, denn wir haben es mit verschiedenen *Gesprächsformen* zu tun:

a) Bei der ersten Szene handelt es sich um ein *Gruppengespräch*. Es ist *teilnehmerorientiert* und hat das Ziel, einen lebendigen Austausch in Gang zu bringen, an dem sich möglichst viele Gruppenmitglieder beteiligen. Nicht nur der Kopf soll angesprochen werden, sondern es geht auch um Gefühle, persönliche Sichtweisen und Lebenserfahrungen. Der Gesprächsleiter, die Gesprächsleiterin muss dafür sorgen, dass das Gespräch nicht auf der kognitiven, intellektuellen Ebene stehen bleibt, sondern existentielle Tiefe erreicht. Er wird deshalb die Teilnehmer zu persönlichen Stellungnahmen ermutigen und wird einen Freiraum zu schaffen versuchen, in dem angstfrei und offen geredet werden kann. Bei einem Gruppengespräch kommt es nicht auf ein inhaltliches „Ergebnis" an, sondern Ziel ist die möglichst intensive und lebendige Beteiligung aller.

b) Bei der Gesprächsform im Anschluss an den ökumenischen Vortragsabend handelt es sich um eine *Diskussion*. Sie ist *sachorientiert* und hat das Ziel, einen Sachverhalt möglichst umfassend aufzuhellen, damit sich die Diskussionsteilnehmer darüber ein Urteil bilden können. Typisch für die Diskussion sind deshalb der Austausch von Pro- und Contra-Argumenten, die Benennung von Gemeinsamkeiten und unterschiedlichen Standpunkten, die logische Entwicklung eines Gedankengangs. Es geht um die Meinungsbildung der Teilnehmenden in einer Sachfrage, häufig auch – aber nicht immer – um den Versuch, einen Konsens zu finden.
Der Diskussionsleiter bzw. die Diskussionsleiterin ist Anwalt der Sachklärung. Er oder sie sorgt dafür, dass alle ihre Argumente einbringen können, dass der jeweilige Diskussionsstand zusammengefasst wird, dass gemeinsame und unterschiedliche Positionen deutlich werden und dass der weitere Diskussionsverlauf einem sachgerechten roten Faden folgt.
Im Modell des TZI-Dreiecks gesprochen liegt in der Diskussion der Schwerpunkt der Aufmerksamkeit nicht beim ICH – wie das im Gruppengespräch der Fall ist –, sondern beim ES.

c) Die dritte Gesprächsform, anzutreffen in dem obigen Ausschnitt aus einer Pfarrgemeinderatssitzung, wird meistens als *Konferenz* bezeichnet. Sie ist *entscheidungsorientiert* und hat das Ziel, in bestimmten Fragen Festlegungen zu treffen. Meistens geht es um Lösungen bei irgendwelchen Problemen. Das Verfahren verläuft in der Regel so, dass zunächst das Problem definiert wird, dass man dann das Ziel formuliert, die Problemursachen analysiert, mögliche Lösungswege sucht und sich dann für eine bestimmte Lösung entscheidet.
Die Teilnehmerorientierung tritt hier weitgehend zurück, das heißt, es ist kaum von Belang, was eine Gesprächsteilnehmerin, ein Gesprächs-

teilnehmer in dieser Sache fühlt, persönlich erlebt hat oder für sich selber wünscht, sondern es geht darum, möglichst sachgerechte Entscheidungen zu treffen, die dem Handlungsziel dienen. Elemente der Diskussion sind in der Konferenz enthalten, insofern es auch darum gehen kann, Für und Wider gegeneinander abzuwägen. Aber der Prozess ist insgesamt auf Handeln ausgerichtet, nicht nur auf Erkennen. Für Konferenzleiter heißt das: die Gruppe auf die Entscheidung hinführen. Dies geschieht, indem die einzelnen Schritte transparent gemacht und dann konsequent durchgeführt werden. Ein möglicher Impuls wäre zum Beispiel: „Wir waren uns einig, dass wir unseren Etat nicht erweitern können. Damit scheiden Lösungen A und B aus, weil beide teurer sind. Wir müssen uns also zwischen den Lösungen C und D entscheiden. Wer hat einen Vorschlag, nach welchen Kriterien wir dabei vorgehen sollen ...?" Hier kommt der Gesprächsleiterin vor allem die Aufgabe zu, den Entscheidungsprozess zu moderieren, das heißt in sinnvolle Teilschritte zu zerlegen und dann diese Schritte mit der Gruppe zu gehen.

Denkanstoß:

⇨ Eine Pfarrgemeinderatssitzung ist ein Mix aus allen drei Gesprächsformen. Es gibt teilnehmerorientierte Sitzungsphasen, aber auch Diskussionen und konferenzartige Entscheidungsprozesse. Gehen Sie einmal eine Tagesordnung oder ein Sitzungsprotokoll durch und versuchen Sie, die einzelnen Tagesordnungspunkte den oben genannten Gesprächsformen zuzuordnen.

Verhaltensregeln für GesprächsleiterInnen

- Als Moderator bist du Anwalt der einzelnen Personen, des Gruppenprozesses, des Themas bzw. Anliegens und der Rahmenbedingungen. Je nach Gesprächsform kann der Schwerpunkt unterschiedlich gewichtet sein. Behalte immer klar im Auge, was das Ziel des Gesprächs ist, und steuere deine Moderation dementsprechend.
- Diese Steuerung erfolgt vornehmlich über die Impulse, die du dem Gesprächsverlauf gibst. Achte besonders auf den Einstiegsimpuls. Hier entscheidet sich oft schon, ob das Gespräch „kopflastig", persönlich, polarisierend, strukturiert, partnerschaftlich oder wie auch immer verläuft.

- Sorge für ein offenes Gesprächsklima und achte darauf, dass sich alle gut beteiligen können. Deine eigene Offenheit und Freundlichkeit, deine Klarheit, dein Humor und dein Respekt vor der Gruppe sind die wichtigsten „Instrumente“ dafür.
- Ermutige die Stillen durch besondere Zuwendung und bremse die Vielredner, indem du ihr Anliegen zwischendurch kurz zusammenfasst oder sie bittest, dies selbst zu tun. Auch die Methode einer „Anhörrunde“ bewährt sich, damit jeder zu Wort kommen kann.
- Halte dich selbst mit inhaltlichen Beiträgen zur Sache zurück. Wenn du moderierst, bist du für den Gesprächs*prozess*, nicht für das Ergebnis verantwortlich.
- Vermeide Kommentare oder Bewertungen zu Gesprächsbeiträgen anderer. Du bist nicht der Oberschiedsrichter. Vertrauen bekommst du bei kontroversen Standpunkten nur, wenn du nicht manipulativ eine Seite bevorzugst.
- Mache die einzelnen Schritte und jeweiligen Gesprächsziele transparent. Frage die Gruppe, wenn du dir selbst unsicher bist. Entscheide nicht über die Köpfe hinweg, sondern vergewissere dich, dass die Gruppe mit deinen Verfahrensvorschlägen einverstanden ist.
- Weise verletzende Äußerungen zurück und mache dich zum Anwalt einer Gesprächskultur, die von gegenseitigem Respekt geprägt ist und von der Bereitschaft, aufeinander zu hören. Wenn du Störungen wahrnimmst, thematisiere sie, damit sie bearbeitet werden können, bevor es „in der Sache“ weitergeht.
- Strukturiere bei Diskussionen oder Konferenzen das Gespräch, indem du zum Beispiel Gemeinsamkeiten und Differenzen zusammenfasst, Schwerpunkte sichtbar machst, Teilergebnisse festhältst, offene Fragen benennst oder Abstimmungen vornimmst.
- Wenn du aktiv zuhörst, Standpunkte erkundest und zurückmeldest, was du verstanden hast, bist du selbst modellhaftes Vorbild für die Gruppe. Dein Umgangsstil färbt ab. Du steuerst das Gespräch am meisten durch dein eigenes Verhalten.

Denkanstöße:

- ⇨ In Ihrem PGR ist das Hauptproblem: Die Sitzungen dauern zu lange. Vor 23 Uhr ist der offizielle Teil selten zu Ende. Woran könnte es liegen? Was könnte durch die Sitzungsvorbereitung und die Sitzungsleitung getan werden, um dem abzuhelfen?
  Schlagen Sie einige konkrete Maßnahmen vor.
- ⇨ Ein PGR-Vorsitzender ist nach der Hälfte seiner Amtszeit unzufrieden und enttäuscht. Er hat das Gefühl, in der Pfarrgemeinde hat sich nichts bewegt. Zwar sitzen viele motivierte und auch fähige Leute im Pfarrgemeinderat, und manche gute Ideen werden bei den Sitzungen diskutiert, aber konkrete Auswirkungen auf das Gemeindeleben sind kaum sichtbar. Eigentlich läuft alles weiter wie bisher.
  Was würden Sie diesem PGR-Vorsitzenden raten? Was hat er möglicherweise falsch gemacht? Worauf sollte er künftig achten?
- ⇨ An den PGR-Sitzungen stört Sie einiges:
  - Ein Großteil der Mitglieder meldet sich kaum zu Wort. Nur bei Abstimmungen geben sie ihre Meinung zu erkennen.
  - Dafür bestreiten einige wenige „Dauerredner" die Diskussion. Vor allem ein Mitglied geht den anderen durch seine weitschweifigen Beiträge auf die Nerven.
  - Gelegentlich kommt es zu unsachlicher Polemik und hitzigen Wortgefechten. Das ist Ihnen als Sitzungsleiter sehr unangenehm.
  - Oft dreht sich das Gespräch im Kreis. In der Sache geht nichts vorwärts.

  Welche Maßnahmen könnten hier Abhilfe schaffen?

Beispiel: Möglicher Ablauf einer PGR-Sitzung

- **Vor der Sitzung**

  Vorbereitung
  - Wer bereitet vor?
  - Welche Themen, Inhalte, Ziele?
  - Welcher Sitzungsablauf (Methodische Durchführung)?

  Einladung
  - schriftlich
  - termingerecht
  - Angabe der Tagesordnung
  - gegebenenfalls schriftliche Vorinformation
  - Protokoll der letzten Sitzung

  Rahmen
  - Raumgestaltung
  - Sitzordnung
  - Öffentlichkeit einbeziehen

- **Nach der Sitzung**

  Schlussreflexion („Blitzlicht")

  Geselliges Beisammensein

  Information der Öffentlichkeit

- **Sitzungsverlauf**

  Geistlicher Impuls

  Festlegung der endgültigen Tagesordnung

  Protokollnachlese
  - Wird das Protokoll in der vorliegenden Fassung akzeptiert?
  - Welche Aufgaben/Beschlüsse wurden durchgeführt, welche wurden nicht durchgeführt?

  Behandlung der Tagesordnung
  (Modell für einen Problemlösungsprozess:
  Problemdefinition – Zielformulierung – Problemanalyse
  Sammeln und Bewerten der Lösungsvorschläge
  Beschlussfassung)

  Bericht aus den Sachausschüssen
  „Aktuelles Thema"

Verhaltensregeln für GruppenteilnehmerInnen

- Sei du selbst! Rede, wenn du reden, und schweige, wenn du schweigen willst. Lass dich nicht durch Gruppenzwang oder eingebildete Erwartungen fremdbestimmen. Tu das, was dir im Augenblick wichtig ist.
- Übernimm deinen Teil der Verantwortung am Gespräch. Du stehst in Wechselwirkung mit der Gruppe. Auch du trägst zum Gelingen oder Misslingen bei. Sei dir deiner Freiheit, aber auch deiner Abhängigkeit bzw. deines Eingebundenseins bewusst!
- Sende Ich-Botschaften, nicht Du-Botschaften! Das bedeutet: Halte dich mit Interpretationen und Bewertungen anderer zurück. Teile stattdessen lieber deine persönliche Empfindung mit. Sage, wie das, was der andere tut oder sagt, bei dir „ankommt".

Beispiel: Der achtjährige Sohn hat wieder einmal völliges Chaos in seinem Zimmer. Dabei hat er für den Nachmittag drei Schulkameraden zum Spielen eingeladen. Als die Mutter die Unordnung sieht, reagiert sie ärgerlich: „Du Schlamper, mit dieser Müllhalde kannst du doch keine Gäste empfangen!" Das ist eine Du-Botschaft: Eine Negativzuschreibung, mit der die Mutter ausdrückt, was für einer der Sohn für sie ist. Für die Kommunikation besser wäre eine Ich-Botschaft: „Ich ärgere mich, wenn ich in dein Zimmer schaue. Ich kann mir nicht vorstellen, wie ihr da gut spielen könnt und habe Angst, dass noch etwas kaputt geht ..." Damit sendet die Mutter eine Ich-Botschaft. Es ist zunächst ihre Sache, wenn sie sich über die Unordnung ärgert. Der Sohn kann nun selbst entscheiden, was er aufgrund dieser Ich-Botschaft der Mutter zu tun gedenkt. Wenn er nicht will, dass sie sich ärgert oder Sorgen macht, wird er aufräumen.

- Verstecke dich nicht hinter Fragen, sondern offenbare deine eigene Sicht. Fragen können verunsichern, wenn der andere nicht weiß, welche Absicht oder Vermutung hinter der Frage steckt. Sie erzeugen ein defensives Gesprächsklima, weil keiner sich so richtig hinter der Deckung hervortraut. Wenn du fragst, dann sage dazu, warum diese Frage für dich von Bedeutung ist. Das trägt zur Transparenz und zur Vertrauensbildung bei.

- Achte auf Körpersignale bei dir selbst und bei deinen Gesprächspartnern. Kommunikation geschieht nicht nur mit Worten. Sprich gegebenenfalls deine Wahrnehmung aus, damit auch darüber Verständigung möglich wird.
- Rede nicht, wenn schon ein anderer spricht, und führe keine Seitengespräche. Melde lieber eine Störung an, wenn du dem Gespräch nicht mehr folgen kannst oder wenn du dich ärgerst.
- Vergewissere dich, wenn die Kommunikation für dich nicht eindeutig ist bzw. wenn du nicht sicher bist, ob du die Botschaft „mit dem richtigen Ohr" gehört hast. Frage nach, wenn du versteckte Appelle zu hören glaubst, etwas über den Sprecher/die Sprecherin wahrzunehmen meinst oder ein Beziehungssignal vermutest, das du klären möchtest. Sage, was du wahrgenommen hast und wie es bei dir angekommen ist.
- Achte auf Inhalts- und Beziehungsebene! Huldige keiner falschen Sachlichkeitsideologie. Die Beziehungsebene spielt immer mit. Bemühe dich gerade bei Meinungsverschiedenheiten in der Sache um eine gute Beziehung. Spüre andererseits nach, ob sachliche Differenzen nicht vielleicht eine Beziehungsstörung signalisieren.
- Benenne bei Diskussionen oder Konferenzen deinen Standpunkt und lege offen, aufgrund welcher Daten, Annahmen oder Folgerungen du zu diesem Standpunkt kommst. Plädiere für deine Sicht, aber erkunde gleichzeitig, wie die anderen die Dinge sehen und aufgrund welcher Annahmen sie zu ihrer Auffassung kommen. Sei bereit, dich wenigstens probeweise auch einmal auf eine andere Sehweise einzulassen. Prüfe unvoreingenommen und wehre nicht gleich ab, wenn andere Positionen vertreten werden.
- Riskiere Offenheit und du wirst Offenheit ernten. Wenn jemand anfängt, die Maske abzulegen, wird auch den anderen Ab-rüstung möglich. Wenn du das Klima der Kommunikation beschädigst, beschädigst du dich selbst, weil du dich der Chance beraubst, durch die Interaktion mit anderen selber zu wachsen und deine Identität zu finden.[21]

[21] Vgl. zu diesen Regeln insgesamt: Langmaack/Braune-Krickau, a. a. O. 99–101; Klaus Roos: Wie können wir besser miteinander sprechen? Praktische Anregungen aus der „Themenzentrierten Interaktion", in: Katechetische Blätter 106 (1981), 689–695.

Verletzlichkeit

David gegen Goliat. Der berühmteste Zweikampf in der Weltliteratur. Goliat, der Vorkämpfer der Philister, drei Meter groß nach der Erzählung der Bibel, von Kopf bis Fuß in Bronze gepanzert, bewaffnet mit einem Sichelschwert und einem weberbaumdicken Speer, dessen eiserne Spitze sieben Kilogramm wiegt. David, ein junger Schafhirte, „blond und von schöner Gestalt", aber unerfahren im Schwertkampf und alles andere als ein Krieger. König Saul zieht David seine eigene Rüstung an und hängt ihm ein Schwert um, damit er dem Gegner wenigstens in der Bewaffnung nicht nachsteht.
Doch David legt die Panzerung wieder ab. Er spürt, dass sie nicht zu ihm passt, dass sie ihn einengt, ihm die Bewegungsfreiheit nimmt.
Mit seinem Hirtenstock in der Hand geht er auf den Philister zu. Nur seine Schleuder und fünf Kieselsteine nimmt er mit. Goliat verspottet den blonden Jüngling: „Komm nur her zu mir, ich werde dein Fleisch den Vögeln des Himmels und den wilden Tieren zum Fraß geben". David aber antwortet: „Du kommst zu mir mit Schwert, Speer und Sichelschwert, ich aber komme zu dir im Namen des Herrn der Heere, des Gottes Israels, den du verhöhnt hast" (1 Sam 17,44f).

Als Kind hat mich der Ausgang des Kampfes begeistert: Der Kleine besiegt den Großen. Ein einziger Steinwurf mit der Schleuder hat genügt. Heute fasziniert mich die Szene, wie David seine Rüstung ablegt. Für mich ein Symbol für eine tiefe menschliche Wahrheit: Wer überzeugt ist von seiner Aufgabe, wer selbstbewusst den Weg geht, auf den er sich gerufen weiß, der braucht sich nicht hinter einem Panzer zu verstecken. Visier hoch und Helm ab. Sein wahres Gesicht zeigen. Hervorkommen hinter der Deckung, die längst zum Gefängnis geworden ist. Oft genug begegnen wir uns ja nur gepanzert und mit Schutzschild, hochgerüstet in unserer Angst, wir könnten verletzt werden. Schlechte Erfahrungen haben meistens dazu geführt, dass wir uns einen Panzer zugelegt haben, dass wir unser Gesicht verbergen und unser Herz dicht machen. Wie befreiend kann es sein, abzurüsten und sich hervorzuwagen mit der eigenen wahren Gestalt. David gibt diesem Schritt eine religiöse Deutung: Ich brauche keine künstlichen Schutzvorrichtungen, denn ich handle im Namen Gottes.

„Du, Herr, bist mir Schutz und Schild", beten die Psalmen. Ich stelle mir vor, wie das Leben gewinnen könnte, wenn wir in diesem Vertrauen aufeinander zuzugehen wagten: ohne Panzer, ohne Angst, mit unserem unverhüllten, wahren Gesicht. Der größensüchtige, hochgerüstete Goliat in uns wäre dann längst von der Bühne abgetreten. David hat ihn überwunden.

Spirituelle Reflexion

Wer eine Gruppe leitet – und das gilt natürlich auch für ein Gremium wie den Pfarrgemeinderat –, erweist ihr einen wichtigen Dienst. Dabei geht es nicht um Machtausübung oder Bevormundung, sondern darum, der Gruppe zu helfen, dass sie ihr Ziel erreicht und dass sie als Gruppe zusammenhält. Das ist im Grunde ein Dienst an der *Sendung* der Gruppe und ein Dienst an der *Einheit*.

Paulus zählt die Fähigkeit, Leitungsaufgaben zu übernehmen, zu den von Gott geschenkten Charismen (vgl. 1 Kor 12,28; Röm 12,8). In ihnen verdichten sich persönliche Qualitäten, soziale Kompetenzen und spirituelle Grundhaltungen.

- Wer seine Rolle für die eigene Selbstdarstellung missbraucht, gerne im Mittelpunkt steht, den Ton angibt und den eigenen Kopf durchsetzt, ist in der Regel keine gute Leitungsperson. Leitung ist ein Dienst an der Gemeinschaft und setzt deshalb die Bereitschaft zum Dienen voraus. Der Maßstab für einen herrschaftsfreien Umgang miteinander ist gerade in der Kirche das Wort Jesu: *„Ihr wisst, dass die Herrscher ihre Völker unterdrücken und die Mächtigen ihre Macht über die Menschen missbrauchen. Bei euch soll es nicht so sein, sondern wer bei euch groß sein will, der soll euer Diener sein, und wer bei euch der Erste sein will, soll euer Sklave sein" (Mt 20,25–27).*

- Geschwisterlicher Umgang und partnerschaftlicher Leitungsstil beginnen damit, dass ich die Freiheit und die Würde jedes Menschen achte und mich für ihre Wahrung einsetze. Der Glaube daran, dass jeder Christ in Taufe und Firmung den Heiligen Geist empfangen hat und unter seiner Führung steht, schließt Bevormundung aus und respektiert auch gegensätzliche Meinungen und Lebensweisen. Voraussetzung dafür ist, dass ich mich selbst annehmen kann und mich angenommen weiß, auch mit meinen Schattenseiten, meinen Fehlern, meiner Schuld.

- Wer Gruppen leitet, muss im tiefsten die Menschen mögen, mit denen er es zu tun hat. Ohne Sympathie auf der Beziehungsebene bleibt die Führung technokratisch und unpersönlich.
- Dazu braucht es Sensibilität für Menschen und für Gruppenprozesse. Ich muss spüren, was los ist: mit Einzelpersonen und mit der Gruppe. Es sind die Haltungen der Wachheit, Offenheit und liebenden Aufmerksamkeit, die hier gefragt sind. Ich brauche eine Antenne für die „Schwingungen" in der Gruppe. Diese Fähigkeit mitzuschwingen setzt voraus, dass ich nicht durch Ängste blockiert bin.
- GruppenleiterInnen benötigen ein bestimmtes Maß an Frustrationstoleranz. Meinungsbildungs- oder Entscheidungsprozesse können mühsam sein, manchmal sind die Menschen schwierig und ist die Gruppe nervend. Nicht immer findet man Dankbarkeit und Anerkennung. Im Gegenteil: Gruppenleiter werden manchmal auch als Prügelknaben und als Projektionsfläche für Negativerfahrungen benutzt. Dann hilft nur die Treue zum Auftrag: die Bereitschaft, der Gruppe auch unter schwierigen Umständen zu dienen. Manchmal muss man für sie auch den Kopf hinhalten und stellvertretend etwas ausbaden, woran man selbst gar nicht schuld ist.
- Wer eine Gruppe leitet, sollte sich sowohl durch Standfestigkeit als auch durch Umkehrbereitschaft auszeichnen. Obwohl es Gegensätze sind, werden beide Haltungen gebraucht. Gruppenleiter müssen der Gruppe manchmal Widerstand leisten, müssen sie konfrontieren oder kritisieren. Biblisch gesprochen könnte man es das „prophetische Charisma" nennen, das hier in Erscheinung tritt. Andererseits darf dabei kein Sturkopf herauskommen. Flexibles Eingehen auf den Willen und die Erkenntnisse der Gruppe sind ebenso notwendig wie die Bereitschaft, umzukehren und einen falschen Weg zu verlassen.

TEIL III: AKZENTE SETZEN

Der erste Teil dieses Buches entfaltete die Grundlagen der Pfarrgemeinderatsarbeit. Im Mittelpunkt standen die Fragen: „Wozu ist die Kirche da?" und: „Wie formiert, wie strukturiert, wie organisiert sich Kirche?" Ein wichtiges Instrument der Selbstorganisation des Gottesvolkes ist der Pfarrgemeinderat, der Mitverantwortung dafür hat, dass dieses Volk den Spuren Jesu folgt und dass die Kirche den Weg des Evangeliums geht, das heißt mit den Menschen, vor allem mit den Armen und Bedrängten, Freude und Hoffnung, Trauer und Angst teilt und so zum Zeichen der Nähe Gottes wird mitten in der Welt.

Was das für die Gestaltung einer Pfarrgemeinde bedeutet, war Thema des zweiten Teils. Wert legen auf „Qualität", Mitarbeiterinnen und Mitarbeiter gewinnen, begleiten und fördern, sich zur „lernenden Organisation" entwickeln und dabei ein klares Leitbild vor Augen haben – das sind Kernpunkte, an denen der Hebel angesetzt werden müsste. Voraussetzung dafür ist, dass der Dienst der Leitung kompetent wahrgenommen wird.

Damit ist ein Pfarrgemeinderat meines Erachtens hinreichend gerüstet, um ein Konzept für die eigene Arbeit erstellen zu können. Zusätzlich sollen im dritten Teil einige inhaltliche Akzentsetzungen vorgenommen werden. Es sind Orientierungspfeile, die die Wegrichtung markieren. Dahinter stehen meine eigenen mentalen Modelle oder „inneren Landkarten". Sie offen zu legen und ins Gespräch darüber zu kommen ist ja der Beginn jenes Dialogs, den eine Organisation braucht, um eine „lernende Organisation" zu werden.

10. Weite gewinnen: Pluralismusfähig werden

10.1 Sich dem Geist der Vielfalt öffnen

Herr N. ist 56 Jahre alt und arbeitet als leitender Beamter in einer Behörde. Er liest die Frankfurter Allgemeine Zeitung, liebt die französische Küche, geht gerne in die Oper und singt seit mehr als zehn Jahren im Kirchenchor seiner Pfarrei die Bassstimme. Wenn ein lateinisches Hochamt auf dem Programm steht, blüht er besonders auf. Die Liturgie ist ihm von Kindheit an vertraut und die Kirche ist für ihn die einzige Einrichtung in der Gesellschaft, die sich noch für klare Werte einsetzt und die Traditionen der Vergangenheit bewahrt.

Frau U., 28 Jahre, ist frisch verheiratet. Sie arbeitet zurzeit als Verkäuferin in einer Boutique, liebt moderne Popmusik und ist ein Fan der Fernsehserie „Gute Zeiten, schlechte Zeiten". Am Wochenende findet man sie öfters im Bräunungsstudio und auf Weinfesten oder sie ist mit dem Fußballclub ihres Mannes unterwegs. Mit Vorliebe liest sie in ihrer Fernsehillustrierten die Horoskope. An Weihnachten und Ostern geht sie in ihrer Pfarrei zum Gottesdienst. Auch die kirchliche Trauung wollte sie nicht missen, denn irgendwie hatte sie das Gefühl, es wäre gut, den Schritt in die Ehe unter den Segen Gottes zu stellen. Die kirchliche Morallehre findet sie allerdings völlig veraltet, und in ihre persönliche Lebensgestaltung lässt sie sich weder von ihrer Mutter noch von der Kirche hineinreden.

Frau S. ist 40 Jahre alt und arbeitet als Studienrätin an einem Gymnasium. Da sie sehr gesundheitsbewusst ist und sich stark mit der Armutsproblematik der Dritten Welt auseinandersetzt, lebt sie seit drei Jahren vegetarisch. Außerdem arbeitet sie in einer ökologischen Projektgruppe von Greenpeace mit. Kirchlich ist sie sehr interessiert. Sie liest „Publik Forum" und ist seit ihrem Studium Mitglied in einem Frauenkreis der Hochschulgemeinde, der neue Formen feministischer Liturgie ausprobiert. Gerne würde sie in der Pfarrei ihres Wohnortes einen Eine-Welt-Laden gründen.

Drei Menschen sind hier vorgestellt: drei von dreitausend in einer Pfarrei. Es sind drei unterschiedliche Menschen, nicht nur hinsichtlich ihres Alters, ihrer Bildung, ihrer Freizeitgestaltung, sondern auch hinsichtlich ihrer Nähe zur Kirche und ihrer Einstellung zum Glauben. Eine Pfarrgemeinde ist keine einheitliche Größe, sondern besteht aus unterschiedlichen Menschen, die ihre Nähe zur Kirche unterschiedlich definieren und ihre Teilnahme am gottesdienstlichen und gemeindlichen Leben unterschiedlich gestalten. Pluralismus gibt es nicht nur in der Gesellschaft, sondern auch in der Kirche. Das ist kein Grund zur Klage, sondern ein Grund zur Freude: Die Vielfalt des Lebens, der Reichtum der Schöpfung und die Buntheit persönlicher Individualität spiegeln sich in unseren Gemeinden. Jeder Mensch hat seine eigene Lebensgeschichte und Gott hat seine Geschichte mit ihm. Die Freiheit des Menschen und die kreative Phantasie der Gnade Gottes erlauben es nicht, dass wir auf ein „Einheitsmodell" von Christsein und „Pfarrgemeinde" fixiert bleiben.

Es ist eine Zukunftsfrage unserer Kirche, wie es uns gelingt, „pluralismusfähig" zu werden, d. h. konstruktiv mit der Verschiedenheit und Vielfalt der Menschen in unseren Gemeinden umzugehen. Während zum Beispiel Herr N. traditionell orientiert, vom katholischen Milieu geprägt, eng mit der Gemeinde verbunden und in der Liturgie beheimatet ist, sucht Frau U. nur gelegentlichen Kontakt mit der Gemeinde, etwa an bestimmten Hochfesten oder an wichtigen Knotenpunkten ihres Lebens. Was dem einen selbstverständlich ist, überfordert die andere. Wo die einen Verstärkung, Bestätigung und Vertiefung suchen, brauchen die anderen erschließende Zugänge, behutsame Entdeckungshilfen und Freiraum gewährende Suchmöglichkeiten. Weder im Leben noch im Glauben ist es möglich, alle „über einen Kamm zu scheren".

Seit mehr als 20 Jahren betreibt die Sinus Sociovision GmbH[22] für politische Parteien, führende Markenartikel-Hersteller und Medienunternehmen sozialwissenschaftliche Forschungen – neuerdings auch für die Deutsche Bischofskonferenz. Dabei wird die Lebenswelt der Menschen analysiert, um für das Marketing klare Zielgruppen unterscheiden zu können.

[22] http://www.sociovision.com.

Als Ergebnis haben sich zehn Sinus-Milieus herauskristallisiert, die sich nach ihrer Grundorientierung (z. B. „traditionell“ oder „modern“), ihrem Lebensstil (z. B. „bürgerlich“, „experimentell“, „hedonistisch“) und ihrer sozialen Lage unterscheiden. Die Unterschiede wirken sich auf die Möblierung der Wohnung und die Fernsehgewohnheiten ebenso aus wie auf die persönliche Lebensplanung, das Freizeitverhalten und die Wertorientierung. So gesehen leben wir – ganz unabhängig von den Menschen aus anderen Nationen – in unserem Land tatsächlich in einer multikulturellen Gesellschaft.

Ein Blick in meine eigene Familie macht mir das deutlich: Meine Eltern, Jahrgang 1928 und 1929, gehören nach der Einteilung der Sinus-Milieus zur „Bürgerlichen Mitte“. Meine Frau und ich sind typische Vertreter der „Postmateriellen“ und meine Kinder sind wohl „Moderne Performer“ oder „Experimentalisten“. Auch wenn hier nicht entfaltet werden kann, was das im Einzelnen bedeutet, belegt es doch, dass in einer einzigen Familie mehrere Kulturen bzw. Milieus aufeinander treffen. Dass da noch Verständigung möglich ist, grenzt fast schon an ein Wunder.

Auch in der Kirche, auch in der Pfarrgemeinde haben wir es mit Menschen aus unterschiedlichen Lebenswelten und Milieus zu tun. Diese „multikulturelle“ Zusammensetzung ist uns oft viel zu wenig bewusst, vielleicht auch deshalb, weil eine Reihe von Milieus nahezu vollständig aus der Kirche ausgewandert ist. In der Klassifizierung der Sinus-Milieus gesprochen: Wir erreichen die „Bürgerliche Mitte“, die „Traditionsverwurzelten“ und die „Konservativen“, dazu noch einen kleinen Teil der „Postmateriellen“. Was aber ist mit den „Konsum-Materialisten“, den „Hedonisten“, den „Experimentalisten“, „Etablierten“ und „modernen Performern“? Wir verstehen uns als „missionarische Kirche“, verengen uns aber – zumindest in Deutschland – auf einige wenige Milieus und Altersstufen. Hier liegt ein Grundproblem unserer Verkündigung und unserer „Kirchenbildung“, das bis heute nicht gelöst werden konnte. Im Gegenteil: Unter den Sparzwängen wird die Milieuverengung noch verschärft, indem etwa die Einrichtungen der Erwachsenenbildung oder der Medienarbeit gestrichen oder zurückgefahren werden, obwohl doch gerade diese am ehesten die kirchlichen Milieugrenzen zu überschreiten in der Lage sind.

Denkanstöße:

- ⇨ Wie stark sind in Ihrer Pfarrgemeinde die „jungen Milieus" vertreten? Können Sie – auch ohne genaue Kenntnis der Sinus-Milieustudien – erkennen, welchen Lebensweltmilieus (z. B. bürgerlich, konservativ, modern) die Menschen in Ihrer Pfarrgemeinde überwiegend angehören?
- ⇨ Sicher kennen Sie genügend Menschen, deren Lebensstil und Wertorientierung man „modern" nennen könnte. Vergegenwärtigen Sie sich, wie diese Menschen ihre Freizeit gestalten, ihre Wohnung einrichten, ihre Kinder erziehen, welchen Beruf sie ausüben, welche Zeitungen sie lesen, nach welchen Werten sie sich ausrichten. Fragen Sie sich jetzt, wo diese Menschen in Ihrer Pfarrgemeinde sichtbar sind, an welchen Gruppen sie sich beteiligen, von welchen Veranstaltungen sie angesprochen werden, wo sie ihren Ort sehen in der Pfarrgemeinde.
- ⇨ Reflektieren Sie abschließend das liturgische Angebot in Ihrer Pfarrgemeinde: Welche Milieus werden von der Art angesprochen, wie die Gottesdienste gestaltet sind und gefeiert werden, welche Milieus stehen dieser Art distanziert gegenüber?

10.2 Nicht einfältige, sondern vielfältige Seelsorge

„Allen bin ich alles geworden, um auf jeden Fall einige zu retten." So schreibt Paulus den Korinthern (1 Kor 9,22). Ein hoher Anspruch – und ein erstes Plädoyer für eine vielfältige Seelsorge. Das Prinzip ist klar und es wird im modernen Marketing längst umgesetzt: Angebote müssen speziell auf die Zielgruppen ausgerichtet sein, damit sie angenommen werden. Die Werbung für Bausparverträge, Fertigsuppen und markante Männerparfums beweist es. Im kirchlichen Bereich hat vor allem die Differenzierung nach Altersgruppen oder „Ständen" Tradition. So gibt es Kinder- und Jugendarbeit, Angebote für Senioren, Seelsorge speziell für Familien, Frauen, Männer. Die Milieustudien der letzten Jahrzehnte[23] zeigen: Die Gruppenbildungen verlaufen nach anderen Kriterien: nach ästhetischen Gesichts-

[23] Vgl. zusätzlich zu den Sinus-Studien vor allem: Gerhard Schulze, Die Erlebnisgesellschaft. Kultursoziologie der Gegenwart, Frankfurt 1992.

punkten, nach Lebensstilorientierungen, Bildungsstand oder sozialem Status. Das bedeutet: Die Menschen, die zum Gebiet einer Pfarrei gehören, lassen sich unterschiedlichen Milieus zuordnen, gehören unterschiedlichen Lebenskulturen an. In der Christmette am Heiligen Abend begegnen sich der 52-jährige mittelständische Handwerker, der durch Pflichterfüllung und Fleiß einen kleinen Familienbetrieb am Laufen hält und in der einzigen Urlaubswoche, die er sich gönnt, mit der Malerinnung nach Südtirol fährt, und die 29-jährige Medienmanagerin, die fünf Jahre in den USA gearbeitet hat, drei Fremdsprachen spricht, zurzeit mit einem Marokkaner zusammenlebt und im Flugzeug fast ebenso zu Hause ist wie in ihrem modernen 3-Zimmer-Appartement in einem Hochhaus, das zum Gebiet der Pfarrei gehört. Aber auch die Metzgereiverkäuferin und der Student, die 83-jährige Frau aus dem Altenwohnheim, der Bankdirektor, die Hausfrau mit den zwei Kindern im Grundschulalter, der Oberstudienrat, die Krankenschwester und der Physikprofessor sitzen unter der Kanzel.
Das ist der Reichtum, aber auch die Schwierigkeit einer Pfarrgemeinde. Theoretisch ist alles klar: Alle sind „einer in Christus Jesus" (Gal 3,28). Die milieuüberschreitende Kraft des Glaubens, der eine Geist und die eine Taufe verbinden alle zu einem einzigen Leib. In der Feier der Eucharistie wird diese Gemeinschaft am deutlichsten sichtbar. Gleichzeitig verursachen die Unterschiede aber auch zahlreiche praktische Probleme. Unterschiedliches Bildungsniveau erfordert eine unterschiedliche Art der Verkündigung, verschiedene Altersstufen verlangen verschiedene Formen der Ansprache und Gruppenbildung. Unterschiedliche Lebensmilieus bedingen unterschiedliche Arten zu feiern oder sich politisch und sozial zu engagieren, haben eine unterschiedliche Ästhetik und einen unterschiedlichen Umgang mit kirchlichen Lehren zur Folge. Dass hierzulande unter den Gottesdienstteilnehmenden die Generation 50 + die deutliche Mehrheit stellt, wirkt sich aus auf die Lieder, die gesungen, und die Gebete, die gesprochen werden.

Das Plädoyer für eine vielfältige Seelsorge mag angesichts dieser Bestandsaufnahme plausibel sein, enthält aber auch eine Überforderung: Wer kann schon wirklich „allen alles werden"? Ein Pfarrgemeinderat kann nur im Rahmen seiner Möglichkeiten tätig werden. Doch auch kleine Schritte sind der Anfang eines Wegs.

1. Als Erstes muss der Blick geöffnet werden für die Vielfalt der Menschen innerhalb und außerhalb der Pfarrgemeinde: für ihre Unterschiedlichkeit, für ihre Buntheit, für ihren Reichtum.
2. Dieser Blick muss ein Blick der Neugier und zugleich der Wertschätzung sein: Wie leben die Menschen und wie sieht ihr Glaube aus? Welche Erfahrungen haben sie gemacht, was hat sie geprägt, was ist ihnen wichtig? Welche Begabungen bringen sie mit, welchen inneren Reichtum kann man in ihnen entdecken, welchen Weg ist Gott mit ihnen gegangen?
3. Der nächste Blick gilt dem Pfarrgemeinderat selbst. Auch hier gibt es Vielfalt: unterschiedliche Generationen, verschiedene Bildungswege, unterschiedliche Berufe, Verheiratete, Ledige, Verwitwete, Alteingesessene und Neuzugezogene, traditionell Orientierte und „Moderne". Diese Vielfalt im Pfarrgemeinderat selbst ist die wichtigste Ressource für eine vielfältige Seelsorge.
4. Deshalb ist auch hier die Wertschätzung der verschiedenen Gaben der Ausgangspunkt: Wer aus dem Pfarrgemeinderat kann aufgrund seines Berufs, seiner Kontakte, seiner Lebenskultur eine besondere Verantwortung für bestimmte Aufgaben oder für bestimmte Zielgruppen übernehmen?
5. Um zu einem Seelsorgskonzept zu kommen, muss zuerst nach Freude und Hoffnung, Trauer und Angst der Menschen von heute gefragt werden. Sich diese zu Eigen zu machen und die eigene Sendung von dort her zu definieren – das war die revolutionäre „Wende zum Menschen", die die Kirche auf dem 2. Vatikanischen Konzil vollzogen hat. Deshalb ist im Blick auf die verschiedenen Lebensmilieus zu fragen: Was bewegt die Menschen, was treibt sie um, was macht sie glücklich, wovor haben sie Angst? Was denken sie über die Kirche? Was erwarten sie von ihr? Wofür schätzen sie sie oder worin kritisieren sie sie?
6. Als Nächstes ist zu fragen: Wie antworten wir als Kirche auf die Sehnsucht und auf die Angst, auf die Hoffnungen und Erwartungen, auf die Enttäuschungen und Zweifel der Menschen? Was ist unsere frohe Botschaft an sie, bzw. wie können wir uns an ihrer Suche beteiligen? Dabei muss unterschieden werden, welche Menschen wir jeweils im Blick haben; denn für jedes Lebensmilieu stellen sich andere Fragen, erge-

ben sich andere Antworten. (Denken Sie noch einmal an Herrn N., Frau U. und Frau S. aus unserem obigen Beispiel!)

7. Jetzt ist zu prüfen, wer die Aufgaben übernehmen kann, die sich daraus ergeben: Gibt es Männer und Frauen aus dem Pfarrgemeinderat oder aus dem Seelsorgeteam der Hauptamtlichen, die hier tätig werden können? Ist hier überhaupt die Pfarrgemeinde gefragt oder gibt es andere Einrichtungen im kirchlichen „Netzwerk“, die man hier einbeziehen kann: Verbände, kirchliche Kontaktstellen („Zwischenräume“), geistliche Bewegungen, Kleine Christliche Gemeinschaften?

8. Alles Weitere ist das übliche Projektmanagement: Absprachen müssen getroffen, Verantwortlichkeiten geklärt, Pläne entworfen werden (Wer macht was mit wem bis wann ...?).

9. Unverzichtbar ist – wie wir bereits gesehen haben – die regelmäßige Auswertung. In jeder Pfarrgemeinderatssitzung sollte berichtet werden, was aus den Initiativen geworden ist. Wenn Verantwortliche erleben müssen, dass sich ihr Gremium nach der Verteilung der Aufgaben nie mehr dafür interessiert, wie der Stand der Dinge ist, dann verlieren sie die Motivation und die Rückbindung an ihre „Auftraggeber“.

10. Die blühende Vielfalt eines bunten Gartens mag ein Bild für eine Pfarrgemeinde sein, die diese Art von Seelsorge praktiziert. Aber in aller Vielfalt braucht es auch Formen und Zeichen, durch die die Einheit erlebt werden kann. Der klassische „Ort“ dafür ist die Eucharistiefeier. Bei allem zielgruppenspezifischen Eingehen auf die verschiedenen Lebensmilieus darf die Versammlung um den einen Tisch des Herrn nicht verloren gehen. Communio meint Einheit in aller Vielfalt. Der Pfarrgemeinderat verwirklicht selbst diese Communio und muss gleichzeitig dafür sorgen, dass diese Communio auch in der Pfarrgemeinde immer wieder sichtbar wird.

Anregungen:

- Die gemeinsame Eucharistiefeier kann übers Jahr verteilt von den unterschiedlichen Gruppen gestaltet werden, um die Vielfalt der Gemeinde auch in der Feier der Einheit sichtbar zu machen.
- Ein gemeinsames Logo oder Motto der Pfarrgemeinde kann die corporate identity stärken.

- ⇨ Der Pfarrbrief kann ein Forum sein, das die Vielfalt sichtbar macht und gleichzeitig die ganze Pfarrgemeinde über die veröffentlichten Informationen teilnehmen lässt.
- ⇨ Pfarrei(wall-)fahrten können das Zusammengehörigkeitsgefühl stärken.
- ⇨ Die gemeinsame Arbeit an einem sozialen Projekt kann auch dazu dienen, unterschiedliche Gruppierungen auf ein gemeinsames Ziel hin zusammenzuführen.

Auch in den kirchlich noch einigermaßen „erfassten" Milieus gibt es eine deutlich beobachtbare Vielfalt. Die Regel: „Nicht alle über einen Kamm scheren" macht darauf aufmerksam, dass die unterschiedlichen „Katholikentypen" auch unterschiedliche Erwartungen an die Kirche haben und deshalb eine unterschiedliche Seelsorge brauchen. Ein letztes Mal sei deshalb an Herrn N., Frau U. und Frau S. erinnert, die auch in den folgenden Differenzierungen entdeckt werden können:

- Wir sind in der Seelsorge gewohnt, „flächendeckend" zu arbeiten: Möglichst alle Kinder eines Jahrgangs sollen zu den Sakramenten geführt werden, möglichst alle Zielgruppen sollen durch eigene Gottesdienste angesprochen werden, möglichst alle Mitglieder der Gemeinde sollen von unserer Pastoral „erfasst" werden. Mit diesem „Vollständigkeitsanspruch" reagieren wir auf die volkskirchliche Situation und erstreben eine Art pastoraler „Grundversorgung". Dabei verfahren wir gewissermaßen nach dem „Gießkannenprinzip", mit dem wir die Pfarrgemeinde flächendeckend pastoral „bewässern".
  Damit sind wir mehr als ausgelastet und übersehen dabei vielleicht, dass es in unserer Gemeinde auch Menschen gibt, denen das zu wenig ist. Sie haben vielleicht irgendwann in ihrem Leben eine entscheidende Glaubenserfahrung gemacht und den Entschluss gefasst, bewusst ein Leben nach dem Evangelium zu führen. Das „Wasser aus der Gießkanne" ist ihnen zu wenig. Sie spüren das Verlangen, nach der Quelle selbst zu suchen. Die herkömmliche *„Erfassungspastoral"* wird ihnen nicht gerecht. Sie haben einen Ruf gehört und wollen aus innerer Überzeugung den Weg Jesu gehen. Was sie brauchen, sind Hilfe, Anleitung und geistliche Begleitung auf ihrer Suche, wie sie auf ihre ganz persönliche Weise Jesus nachfolgen können. Das heißt: Neben den pastoralen Bemühungen,

die in die Breite gehen, muss es auch eine Pastoral geben, die in die Tiefe führt. *„Berufungspastoral"* hat es Dieter Emeis einmal genannt.

- Unsere Seelsorge ist oft inspiriert vom Bild der *„Wegbegleitung"*: Von der Geburt bis zum Tod, von der Wiege bis zur Bahre begleitet die Kirche den Lebensweg, bietet Halt und Stütze und Heimat in allen Lebenssituationen. Das ist die große Chance einer Pfarrgemeinde: Menschen Verwurzelung und Einbindung, Zugehörigkeit und Geborgenheit zu vermitteln.
  So wertvoll es ist, Menschen auf ihrem Lebens- und Glaubensweg zu begleiten, um sie immer tiefer in das Geheimnis Gottes und die Gemeinschaft der Kirche hineinzuführen, so zeigt sich doch heute, dass es auch viele Menschen gibt, die von diesem Angebot keinen Gebrauch machen wollen. Ihnen wird ein anderes Modell besser gerecht, das Dieter Emeis und Rolf Zerfass als *„Pastoral der Gastfreundschaft"* bezeichnen. Nicht mehr um lebenslange Wegbegleitung geht es da, sondern um das Angebot von „Raststätten", an denen Menschen zur Ruhe kommen, Atem schöpfen und neue Kraft tanken können. Sie gehen ihren Weg allein, oft ohne Berührung mit der Kirche. Doch manchmal brauchen sie eine „Oase", die sie zeitweilig aufsuchen, um unter Gottes Augen für eine Zeit Rast und neue Orientierung für ihren Lebensweg zu finden. Seelsorge in diesem Sinne versteht sich als befristetes Angebot der Gastfreundschaft, das Menschen so lange in Anspruch nehmen dürfen, bis sie mit neuer Kraft ihren eigenen Weg weitergehen können.

Denkanstoß:

⇨ Was würde sich im Seelsorgskonzept Ihrer Pfarrgemeinde ändern, wenn der Pfarrgemeinderat den Akzent auf eine „Pastoral der Gastfreundschaft" legen würde? Wie würde sich das auf die Angebote, auf das Leben und auf das Selbstverständnis der Pfarrgemeinde auswirken? Welchen „Preis" würde es kosten und wer würde dadurch gewinnen?

- Als missionarische Kirche haben wir den Grundauftrag, Menschen einen Zugang zum Glauben zu erschließen und religiöse Entwicklungsprozesse in Gang zu setzen und zu begleiten. Dies darf aber nicht dazu führen, denen, die eher in Distanz zur Kirche stehen, immer nur unter dem Blickwinkel zu begegnen, wie sie „herangeholt" oder „gewonnen" werden könnten. Pluralismusfähigkeit lebt vielmehr von der Überzeugung, dass auch die „Nahen" von den „Fernen" etwas lernen können. Es geht nicht darum, den „Fernstehenden" Gott zu bringen, sondern darum, mit ihnen zu entdecken, wie Gott schon längst in ihrem Leben vorkommt und sich zu erkennen gibt, wie seine Spuren sichtbar werden in ihrer Lebensgeschichte und wie in ihren Lebenserfahrungen Gotteserfahrungen verborgen sind, die Kirchennahe und Kirchenferne gleichermaßen zum Staunen bringen. *„Mystagogische Seelsorge"* haben Paul M. Zulehner, Stefan Knobloch und Herbert Haslinger diese Art erschließender und entdeckender Seelsorge genannt. Sie ist inspiriert davon, dass die Gnade Gottes all unserem Tun zuvorkommt, dass nicht die religiöse Leistung und die pastorale Aktivität an erster Stelle stehen, sondern dass es darauf ankommt, offen zu sein und sich beschenken zu lassen von dem Geheimnis der Nähe Gottes, das in unserem Leben aufscheint.

11. Tiefe gewinnen: Profil zeigen

Pluralismusfähig sein heißt nicht: standpunktlos sein. Im Gegenteil: Je mehr ich von meinem eigenen Standpunkt überzeugt bin, desto gelassener und offener kann ich mich in den Dialog mit anderen begeben. Die eigene Klarheit verhindert nicht, sondern fördert die Toleranz gegenüber anderen. Wenn auf der einen Seite der Medaille steht: „Pluralismusfähig werden", dann muss auf der anderen Seite stehen: „Profil zeigen". Beides gehört zusammen.

Was unser Profil ist als Christen und als Kirche, davon handelte der erste Teil dieses Buches („Wozu ist die Kirche da?"). Drei Punkte möchte ich aber in diesem Zusammenhang noch einmal besonders betonen:

1. Gott ist wichtiger als die Kirche.
2. Der Glaube ist wichtiger als die Moral.
3. Der Mensch ist wichtiger als die Tradition.

11.1 Gott ist wichtiger als die Kirche oder: Die Rückgewinnung der mystischen Dimension

Das Rad und das Pünktlein
Rabbi Jizchak Meir erging sich einmal an einem Spätsommerabend mit seinem Enkel im Hof des Lehrhauses. Es war Neumond, der erste Tag des Monats Elul. Der Zaddik fragte, ob man heute den Schofar geblasen habe, wie es geboten ist, einen Monat, ehe das Jahr sich erneut. Danach begann er zu reden: „Wenn einer Führer wird, müssen alle nötigen Dinge da sein, ein Lehrhaus und Zimmer und Tische und Stühle, und einer wird Verwalter, und einer wird Diener und so fort. Und dann kommt der böse Widersacher und reißt das innerste Pünktlein heraus, aber alles andre bleibt wie zuvor, und das Rad dreht sich weiter, nur das innerste Pünktlein fehlt." Der Rabbi hob die Stimme: „Aber Gott helfe uns: man darf's nicht geschehen lassen!"

Martin Buber[24]

Könnte das auch unsere Situation sein? Der religiöse Betrieb floriert, wir halten unsere Gottesdienste und Pfarrgemeinderatssitzungen, feiern unsere Feste, sanieren unsere Gebäude, verbreiten unsere Verlautbarungen – aber was ist mit dem „innersten Pünktlein"? Die Organisation des Großbetriebs „Kirche" hat eine solche Dynamik entwickelt, dass in Vergessenheit gerät, wozu Kirche da ist. Sie ist unter der Hand zum Selbstzweck geworden.
Josef Fischer und Paul M. Zulehner sprechen deshalb vom „ekklesialen Atheismus", von der Gottvergessenheit mitten in der Kirche. Und sie fordern meines Erachtens zu Recht, dass die Kirche ihre „mystische Dimension" zurückgewinnen muss; das heißt sie muss sich von Neuem einwurzeln im Geheimnis Gottes.
Das scheint etwas Selbstverständliches zu sein. Doch wer die Tagesordnungen der kirchlichen Gremien und Kommissionen anschaut und die zahlreichen Verlautbarungen liest, kann mitunter nachdenklich werden und sich fragen: Kreist die Kirche nicht oft um sich selbst? Die Binnenprobleme – davon war schon die Rede – binden Aufmerksamkeit und Energie. Wo ist

[24] Martin Buber, Die Erzählungen der Chassidim, © Manesse Verlag, Zürich 1949, S. 830.

noch etwas zu spüren von der Leidenschaft für Gott? Das Rad dreht sich, das ist wahr, aber um welche Mitte? So merkwürdig es klingt: Über Gott spricht man nicht. Selbst Theologen, Pfarrer, hauptamtliche und ehrenamtliche kirchliche Mitarbeiterinnen und Mitarbeiter tun sich schwer damit, persönlich von Gott zu sprechen, also außerhalb ihrer professionellen Verkündigerrolle. Es ist fast wie ein Tabu, das das „eigentliche" Thema des Glaubens nicht zur Sprache kommen lässt. Dabei gaben vor einiger Zeit knapp zwei Drittel der Deutschen an, an Gott zu glauben. Die meisten verstehen darunter aber eine universale, nicht-persönliche „göttliche Kraft". Nur 17 % stellen sich Gott als „persönliches Gegenüber" vor. Selbst unter den Katholiken glauben doppelt so viele an das „Göttliche in der Natur" als an den persönlichen Gott, den die Bibel bekennt.
Nicht allein die „Gottvergessenheit" ist also ein Problem, sondern auch die Gottesvorstellung und damit die Art, wie wir in der Kirche von Gott sprechen.

Zweiter Weihnachtsfeiertag 2004. Die große Tsunami-Katastrophe hat die Welt erschüttert. Wenige Tage später, an Silvester, feiere ich den Jahresschlussgottesdienst in meiner Pfarrgemeinde mit. Am Ende wird der eucharistische Segen erteilt. Die Gemeinde kniet vor der Monstranz mit dem Allerheiligsten und singt wie jedes Jahr aus vollem Herzen das Tedeum:

„Großer Gott, wir loben dich,
Herr, wir preisen deine Stärke.
Vor dir neigt die Erde sich
und bewundert deine Werke …"

Ich singe mit und frage mich gleichzeitig: Ist das die gedankenlos-dumpfe Gewohnheit, die unsere Gemeinde – wie alle Jahre – das vertraute Lied singen lässt und dabei abspaltet und vergisst, dass „draußen", in der Welt, gerade 200.000 Menschen durch eine Naturkatastrophe ihr Leben verloren haben? Oder ist das vielleicht der wahre Glaube und die einzige Antwort, die überhaupt möglich ist: mitten im Entsetzen noch Gott zu preisen, weil er der einzige Halt ist, an den man sich jetzt noch klammern kann, auch wenn es ein verzweifelter Griff in die Dunkelheit ist?

Es gibt auch ein plattes, das Geheimnis zerstörende, unsensible und „verdinglichende" Sprechen von Gott, das ihm nicht angemessen ist. Von Augustinus bis Karl Rahner warnen die Theologen vor einem Sprechen, das Gott wie ein „Ding" behandelt.[25] „Einen Gott, den es gibt, gibt es nicht" – lautet ein berühmter Ausspruch von Dietrich Bonhoeffer. Man kann von ihm nicht reden, wie man von den Dingen der Welt redet. „Denn Gott ist weder dies noch das", sagt Meister Eckhart. Nicht umsonst hat das IV. Laterankonzil 1215 festgestellt, dass Gott unbegreiflich („incomprehensibilis") und unaussprechlich („ineffabilis") ist. Der Theologe Paul Tillich kann deshalb schreiben: „Es ist ebenso Atheismus, die Existenz Gottes zu behaupten, wie es Atheismus ist, sie zu leugnen. Gott ist das Sein-Selbst, nicht ein Seiendes."
Unzweifelhaft stehen wir damit vor einem sprachlichen Dilemma: Wir können von Gott nicht sprechen wie von den seienden Dingen, von denen wir sonst sprechen. Denn er ist das Sein des Seienden. Karl Rahner unterstreicht dies in seinem „Grundkurs des Glaubens": „Denn *den* Gott gibt es wirklich nicht, der als ein einzelnes Seiendes neben anderem Seienden sich auswirkt und waltet und so gewissermaßen selber noch einmal in dem größeren Haus der Wirklichkeit anwesend wäre." (S. 72)
Diese Hinweise sollen aufmerksam machen, dass wir dann, wenn wir von Gott sprechen, die Bildhaftigkeit und Vorläufigkeit unseres Redens nie vergessen dürfen. Der große Theologe Thomas von Aquin hat drei Monate vor seinem Tod sein theologisches Werk abgebrochen und hat keine Zeile mehr verfasst. Der Überlieferung nach soll er gesagt haben: „Stroh ist alles, was ich geschrieben habe ...".

Das Profil der Kirche hängt davon ab, dass wir „das innerste Pünktlein" nicht verlieren, dass wir von neuem unsere Wurzeln eintauchen in das Geheimnis Gottes, dass die Kirche ihre „mystische Dimension" zurückgewinnt. „Ein mystischer Mensch ist, wer ein Gespür entwickelt für die andere Seite der Dinge, wer das Geheimnis erfasst (*Mystik* kommt von *mystérion* – Geheimnis), das sich in jedem Sein und in jedem Ereignis der

[25] Vgl. zum Folgenden vor allem: Hanns Cornelissen, Der Faktor Gott. Ernstfall oder Unfall des Denkens, Verlag Herder, Freiburg ²1999; Wolfgang G. Esser; Philosophische Gottsuche. Von der Antike bis heute, Kösel Verlag, München 2002; Jürgen Werbick, Von Gott sprechen an der Grenze zum Verstummen, LIT Verlag, Münster 2004.

persönlichen und kollektiven Geschichte ebenso ent-hüllt wie ver-hüllt. [...] Ein mystischer Mensch sieht Gott in allen Dingen, insofern er unentwegt auf der Suche nach einem Gott ist, der immer noch größer ist als der, den er bereits gefunden hat."[26]

Sich dem Geheimnis nähern – Stichworte zur Gotteserfahrung

- Der Anfang ist das Staunen.
- Hinter die Oberfläche schauen. Über das Vorfindliche hinausfragen. Weiter denken. Den Dingen auf den Grund gehen.
- Die Sehnsucht wach halten. Sich nicht mit Vorletztem abspeisen lassen. „Es muss im Leben mehr als alles geben."
- Dem Schweigen Raum geben. Sich öffnen für das Unergründliche. Eins werden mit dem umfassenden Geheimnis.
- Zu sich selber kommen. Einkehren in die eigene Mitte. Ganz werden. „Halt an, wo laufst du hin? Der Himmel ist in dir. Suchst du ihn anderswo, du fehlst ihn für und für." (Angelus Silesius)
- Außer sich sein. Hingabe. Selbstvergessenheit. Ekstase.
- In Beziehung treten zum göttlichen Du. Hören auf Gottes Stimme. Seinen Namen anrufen. Kommunikation.
- Den Gotteserfahrungen der Bibel nachspüren. Sie in Beziehung setzen zum eigenen Leben. Jesus Christus als „Bild Gottes".
- In den Menschen Gottes Ebenbild entdecken. Im Alltag seine Spuren wahrnehmen. Epiphanie.
- Leidenschaft für Gott. Auseinandersetzung mit ihm. Ringen. Wagnis. Sich von ihm überraschen, herausfordern lassen.

Denkanstöße:

⇨ Was bedeuten die Überlegungen dieses Abschnitts für das Leben einer Pfarrgemeinde und für die Arbeit eines Pfarrgemeinderats?

[26] Leonardo Boff, Gott erfahren. Die Transparenz aller Dinge, Patmos Verlag, Düsseldorf 2002, 122.

- Wo kommt Gott vor, wo prägt er das Leben, die Liturgie, das „Programm" der Pfarrgemeinde?
- Welcher Gott wird sichtbar und erfahrbar im praktischen Umgang miteinander, in der Verkündigung, in der Liturgie? Wie wird von ihm gesprochen? Welches „Gottesbild" würden fremde Besucher bei uns vorfinden? Wie würden wohl die Kinder unserer Pfarrei Gott beschreiben?
- Wo gibt es in unserer Pfarrgemeinde Räume, Gelegenheiten, Anlässe, sich mit der Gottesfrage auseinander zu setzen?

11.2. Der Glaube ist wichtiger als die Moral oder: Am Anfang steht die Gnade

In einem von katholischen Schwestern geleiteten Waisenhaus herrschte eines Tages große Aufregung: Das Kruzifix, das im Speisesaal hing, war am Morgen auf dem Fußboden gefunden worden: offensichtlich mutwillig zerstört. Die Fahndung nach dem Täter war nach kurzer Zeit erfolgreich. Ein achtjähriger Junge war für den Frevel verantwortlich. Die Schwestern brachten den Übeltäter zum Hausgeistlichen, damit er ihm ins Gewissen rede. Der Pater zeigte dem Jungen das Kreuz mit dem zerbrochenen Korpus und fragte ihn, warum er das denn getan habe. Der Junge deutete mit dem Finger auf den Gekreuzigten und unter Schluchzen stammelte er: „Der ist schuld, dass ich immer so brav sein muss."[27]

[27] Ich verdanke diese – frei nacherzählte – Anekdote Prof. Dr. Udo Schmälzle, vorgetragen in seinem Grundsatzreferat: „Was bedeutet für Eltern und Kinder Glaubensweitergabe heute?" bei der Frühjahrsvollversammlung des Diözesanrats der Katholiken im Bistum Würzburg am 28.7.1986.

Was ist da passiert? Welches Bild von Jesus, welches Bild vom Glauben wurde dem Jungen vermittelt? Du sollst nicht, du darfst nicht, du musst – ein einengender Glaube, der die Lebensfreude lähmt, der das Aufatmen schwer macht, der Ängste weckt und ständig einen moralischen Druck erzeugt. An Gott denken – das heißt: immer ein schlechtes Gewissen zu haben.

Dass dies so war und dass dies manchmal heute noch so ist, gehört zu den schlimmsten Verzerrungen, die der christliche Glaube erfahren hat. Denn der Gott der Bibel, der Gott Jesu, ist ganz anders, und den Glauben an diesen Gott darf man nicht verwechseln mit Moral. Dass wir uns heute so schwer tun mit der Glaubensvermittlung an die junge Generation, hängt auch damit zusammen, dass in der Kirche jahrhundertelang Glaube und Moral verwechselt wurden.

Das begann schon damit, dass die in der Bibel erzählte Geschichte Gottes mit den Menschen nachträglich zu einer religiösen Heldengeschichte stilisiert wurde. Dabei waren die Männer und Frauen der Bibel oft alles andere als Helden: Zu den zwölf Aposteln gehören der Verräter Judas und der „ungläubige Thomas"; die Zebedäussöhne Jakobus und Johannes intrigieren um die besten Plätze im Himmelreich, und als Jesus drei ausgewählte Freunde in den Garten Getsemani mitnimmt, um in seiner Ölbergsstunde nicht allein zu sein, da schlafen sie ein. Und doch: Sie zeigen deutlicher als die heroischen Bilder späterer Heiligenverehrung, welchen Gott Jesus verkündete: einen Gott, der sich über das Kleine erbarmt, vor dem wir gerade in unserer Schwachheit stark sind und der die Arbeiter im Weinberg nicht nach ihrer Leistung, sondern nach seiner Gnade bezahlt.

Allzu lange hat die christliche Verkündigung diesen Grundzug der biblischen Überlieferung unterbelichtet. Der Leistungsgedanke rückte stattdessen in den Vordergrund. Die Moral wurde wichtiger als der Glaube. Dabei ist das moralische Handeln immer die *Folge* der erfahrenen Liebe, nicht die *Voraussetzung* dafür. Vor den Geboten steht die Verheißung, vor der Aufgabe die Gabe, vor der Forderung das Geschenk.

In der theologischen Tradition wird dies entfaltet in der Lehre von der Rechtfertigung. Sie besagt, dass wir nicht aufgrund unserer moralischen Eigenleistung vor Gott gerecht sind, sondern weil er uns gerecht spricht. Gerechtigkeit vor Gott kann nicht verdient, sondern immer nur als Geschenk empfangen werden. Sie wird nicht durch Werke errungen, sondern im Glauben und Vertrauen auf Gottes größere Barmherzigkeit aus seiner Hand angenommen. „Aus Gnade seid ihr gerettet“, *schreibt Paulus an die Epheser.*

Darauf zu vertrauen, dass wir von Gott angenommen sind vor aller Leistung und trotz aller Schuld, das nennen wir „Glaube“. Wenn davon das Herz erfüllt ist, wird auch das Handeln davon geprägt sein. Deshalb betonte schon vor zwölf Jahren der Theologe Eugen Biser: „Das Christentum ist keine moralische, sondern eine therapeutische Religion ..., eine Religion der Angstüberwindung“[28]. „Wer glaubt, zittert nicht“, lautet ein berühmter Ausspruch von Papst Johannes XXIII. Wenn es uns gelingt, die befreiende Kraft eines solchen Glaubens wieder zum Leuchten zu bringen, dann gewinnt die Kirche wieder ihr eigentliches Profil.

Denkanstöße:

- ⇨ Wo gibt es in unserer Pfarrgemeinde, in der Verkündigung, der Jugendarbeit, der Wirkung nach außen oder nach innen eine solche „Schieflage“ zwischen Moral und Glaube?
- ⇨ Welche Initiativen können vom Pfarrgemeinderat ausgehen, um die befreiende und inspirierende Kraft des Glaubens zum Leuchten zu bringen?
- ⇨ Wie kann in ökumenischer Zusammenarbeit die theologische Lehre von der „Rechtfertigung“ praktisch umgesetzt werden?

[28] In: Herder Korrespondenz 48 (1994), H. 9, 452–458, hier: 452.

11.3 Der Mensch ist wichtiger als die Tradition oder: „Die Kirche ist für die Menschen da"

Aus dem Leben des hl. Franziskus wird Folgendes erzählt: Als einmal ein Mitbruder in der Nacht stöhnt und schreit, weil er von langem Fasten gequält den Hunger nicht mehr aushält, weckt Franz die anderen, lässt Speisen herbeibringen und setzt sich selbst mit seinem Bruder zum Essen, damit dieser sich nicht schämt, das Fasten zu brechen. Der Mensch ist wichtiger als das Prinzip.
Als einmal eine Mutter, die in Not geraten ist, bei den Brüdern um Hilfe bittet, ist nichts im Haus, was sie ihr geben könnten. Da schenkt ihr Franz das einzige Evangelienbuch, das der Orden besitzt. Es ist sehr wertvoll, weil vor der Erfindung des Buchdrucks ein Buch ein Vermögen kostet, und es ist für die Brüder ein Heiligtum, die Quelle ihres Glaubens und ihrer täglichen Betrachtung. Franz gibt es her mit den Worten: „Sie soll es verkaufen, um ihrer Not willen, denn im Buch steht, dass man den Armen zu Hilfe kommen soll. Ich glaube, es gefällt Gott mehr, wenn wir es verschenken, als wenn wir bloß daraus lesen."

Diese radikale Zuwendung zum Menschen ist der dritte Punkt, der mir für das kirchliche Profil wichtig erscheint. Darin sieht Franziskus den Kern des Evangeliums. Das ist letztlich auch der tiefste Sinn der Inkarnation: „Für uns Menschen und um unseres Heiles willen ist er vom Himmel herabgestiegen und ist Mensch geworden" – so beten wir bis heute im Großen Glaubensbekenntnis.
Traditionen, Vorschriften und Regeln sollen deswegen nicht verteufelt werden. Sie sind notwendig für das Zusammenleben von Menschen und dienen dem Schutz von Werten und Wahrheiten, die einer Gemeinschaft wichtig sind. Auch das Kirchenrecht will ja auf seine Weise dem Evangelium dienen und zu seiner Verwirklichung in der Geschichte beitragen. Aber zum Profil der Kirche gehört, dass letztlich der Mensch in der Mitte steht – im Namen Gottes. Denn wenn jene berühmte und in diesem Buch bereits mehrfach zitierte Konzilsaussage wahr ist, dann versteht Kirche ih-

ren Auftrag und ihre Sendung radikal von der Freude und Hoffnung, Trauer und Angst der Menschen her.

Die Menschen innerhalb und außerhalb der Kirche haben ein feines Gespür dafür, wo kirchliches Handeln wirklich dem Menschen dient. Auch in der traditionellen kirchlichen Morallehre gibt es die so genannte „Epikie", die seit Thomas von Aquin als Tugend angesehen wird. Gemeint ist damit die Billigung eines Verhaltens, das zwar formal gegen Normen verstößt, aber auf diese Weise dem Einzelnen oder dem Gemeinwohl in einer besonderen Situation besser gerecht wird. Dahinter steht die Einsicht, dass kein Gesetz und keine Norm allen Situationen und allen Einzelfällen Rechnung tragen kann. Deshalb meinte schon der mittelalterliche Theologe Albert der Große, dass um dieser „besseren Gerechtigkeit" willen gegebenenfalls auch sonst gültige Normen übertreten werden dürfen, ja müssen.

In dem 1949 veröffentlichten Roman „Das Feuerzeichen", dessen Stoff er später auch zu einem Fernsehspiel verarbeitete, beschreibt Werner Bergengruen eine solche Epikie-Situation: Trotz des Verbots, am Strand Feuer zu entzünden, um die Schifffahrt nicht zu gefährden, entfacht Gastwirt Hahn auf den Dünen ein weithin sichtbares „Feuerzeichen", um damit ein Schiff zu retten, das durch ein überraschend aufgezogenes Unwetter in Seenot geraten ist. Die Rettung gelingt, aber Hahn muss sich vor Gericht wegen seines Gesetzesverstoßes verantworten.

Es gehört für mich zum Profil der Kirche, dass sie den Menschen in den Mittelpunkt stellt, weil sie gerade darin die „Ehre Gottes" achtet und Gottes Willen erfüllt. Es ist kein Zufall, dass selbst das kirchliche Gesetzbuch, der Codex des kanonischen Rechts, in seinem letzten Satz betont, dass „das Heil der Seelen [...] in der Kirche immer das oberste Gesetz sein muss." (Can. 1752)

Wie unterschiedlich das gehandhabt werden kann, zeigt ein Vergleich zweier bedeutender Eucharistiefeiern vom August 2005: Beim großen Papstgottesdienst auf dem Kölner Marienfeld zum Weltjugendtreffen wurde den versammelten Gläubigen vor der Kommunionspendung eigens der Hinweis gegeben, dass nur die Angehörigen der katholischen Kirche zum Tisch des Herrn hinzutreten dürfen. Tausende derer, die vorher tagelang mitgepilgert waren, mitgebetet und mitgefeiert hatten, waren jetzt „ausgeladen". Zwei Tage später wurde in Taizé ein Requiem für den ermordeten Frére Roger gefeiert, das der katholische Kurienkardinal Walter Kasper leitete. Ohne Einschränkung wurde hier den Gläubigen aller Konfessionen die Kommunion gereicht – ein stimmiges und in dieser Ausnahmesituation voll und ganz berechtigtes Zeichen der Gemeinschaft und der Verbundenheit im Glauben.

Jesus selbst hat immer wieder in seinem Verhalten gezeigt, dass der Mensch wichtiger ist als das Gesetz. Und Paulus hat das ganze Gesetz unter das Vorzeichen der Liebe gestellt (vgl. Röm 13,8–10), wenn er schreibt: „Wer den andern liebt, hat das Gesetz erfüllt. [...] Also ist die Liebe die Erfüllung des Gesetzes." (Röm 13,8b.10b)

12. Leben gewinnen: An die Wurzeln gehen

Wenn ich nach den Plädoyers für „Weite" und für „Tiefe" als dritten Akzent das Stichwort „Leben" nenne und dabei das Bild von den Wurzeln anschließe, dann mag man zunächst an Erfahrungen aus dem Garten oder aus der Landwirtschaft denken: Aus den Wurzeln beziehen die Pflanzen ihren Saft, ihre Kraft, ihr Leben.

Nicht anders ist es mit unserem Glauben, ist es mit der Kirche. Ihre Lebendigkeit hängt davon ab, dass sie aus ihren Wurzeln lebt und von dorther immer wieder Kraft und Nahrung bezieht. Diese Wurzel ist für mich die Bibel, sind die Heiligen Schriften, die Zeugnis geben von Gottes Weg mit den Menschen.

Eine Arbeit im Pfarrgemeinderat, in einem Verband oder einer kirchlichen Einrichtung ist für mich nicht denkbar, ohne dass wir immer wieder aus dieser Quelle schöpfen. Dabei kann der Weg in zwei Richtungen verlaufen: Ich kann von der Bibel her mein eigenes Leben und das Leben der Pfarrgemeinde inspirieren und korrigieren lassen, oder ich kann die Erfahrungen meines Lebens oder der Pfarrgemeinde zum Ausgangspunkt nehmen und sie in Verbindung bringen mit den Erfahrungen und Verheißungen der Bibel.
Das scheint eine Selbstverständlichkeit zu sein, aber im Blick auf die Realität mag es erlaubt sein, einige kritische Nachfragen zu stellen:

- Wer von den Mitgliedern des Pfarrgemeinderats besitzt eine Bibel?
- Wer verfügt über Grundkenntnisse zum Aufbau und zum geschichtlichen Hintergrund der Bibel und ist in der Lage, Bibelstellen zu finden?
- Wer liest regelmäßig in der Heiligen Schrift und setzt sich mit ihr auseinander?
- In welchem Pfarrgemeinderat spielt die Bibel wirklich eine Rolle, die über das Verlesen eines Schrifttextes am Anfang der Sitzung hinausgeht?
- Wo wird die Bibel als Quelle der Inspiration oder der (selbst-)kritischen Reflexion auch für Fragen des Gemeindealltags genutzt?

Beispiel aus der Praxis:

In einem Pfarrgemeinderat wird diskutiert, ob die alte Kirchenorgel erneuert werden soll. Geschätzte Kosten: € 300.000,–. In der Diskussion wird das Gutachten des Orgelsachverständigen der Diözese erörtert, werden Finanzierungsprobleme diskutiert und Spendenaktionen geplant. Da wirft ein PGR-Mitglied die Frage auf, ob es gerechtfertigt sei, eine so große Summe für eine Orgel aufzuwenden, da doch die Gemeinde immer kleiner und die Not in der Welt immer größer werde. In der sich anschließenden heftigen Debatte wird sozialethisch argumentiert, aber auch liturgietheologisch und musikpädagogisch. Da schlägt jemand vor, die Sachlage nach dem Evangelium zu überprüfen und von der Bibel her über das weitere Vorgehen zu entscheiden.

In der nächsten Sitzung werden von den beiden „gegnerischen Fraktionen" zwei unterschiedliche Bibelstellen ins Feld geführt: Die Gegner der neuen Orgel zitieren Amos 5,21–24, wo es unter anderem heißt: „Weg mit dem Lärm deiner Lieder! Dein Harfenspiel will ich nicht hören, sondern das Recht ströme wie Wasser, die Gerechtigkeit wie ein nie versiegender Bach." *Die Befürworter verweisen auf die Salbung Jesu in Betanien (Joh 12,1–8), wo Judas Iskariot Vorwürfe macht, weil Maria, die Schwester des Lazarus, die Füße Jesu mit kostbarem Nardenöl salbt. Jesus nimmt sie in Schutz und sagt:* „Die Armen habt ihr immer bei euch, mich aber habt ihr nicht immer bei euch."

Das Beispiel zeigt eine Chance und eine Gefahr: Die Chance liegt darin, dass die Entscheidung nicht einfach pragmatisch, sondern „radikal" getroffen werden soll, das heißt von den Wurzeln her (lat. radix = Wurzel). Weder die Abteilung „Kirchenmusik" des Ordinariats noch die „Finanzpolitiker" der Pfarrei sind maßgeblich für die Orientierung in dieser Frage, sondern das Evangelium ist die Grundlage. Die Gefahr besteht allerdings darin, dass jetzt die Vertreter der unterschiedlichen Positionen sich gegenseitig Bibelverse „um die Ohren schlagen", um die eigene (oft bereits vorher fest gefasste) Meinung zu untermauern. Die Sätze der Bibel werden dadurch im wahrsten Sinne als Schlag-Worte missbraucht. Die Heilige Schrift ist aber kein Steinbruch, aus dem man sich Material zur Unterfütterung der eigenen Auffassung besorgen kann. Sie liefert auch keine Munition, um im Meinungskampf die eigene Position durchsetzen zu können. Sie ist das Buch des Lebens: die Quelle und der Maßstab für unser Handeln.
Die Fortsetzung der im obigen Beispiel erzählten Geschichte soll noch nachgeliefert werden: Beide Parteien hatten „ihre" Bibelstellen vorgebracht. Das Gespräch darüber zeigte, dass beide nicht einfach Recht haben wollten, sondern bereit waren, sich wirklich mit dem Wort Gottes auseinander zu setzen. Es entstand ein Klima der Offenheit und der geistlichen Tiefe, wie es in diesem Pfarrgemeinderat noch nie der Fall war. Man wollte die Frage „spirituell" entscheiden, das heißt in-spiriert von Gottes Geist. Am Ende wurde vereinbart, die Orgel nur dann zu erneuern, wenn die Pfarrgemeinde gleichzeitig bereit und in der Lage ist, denselben Betrag, den die Orgel kostet, auch für ein soziales Projekt aufzubringen.
Entscheidend war nicht das Ergebnis – ein solcher „Kompromiss" hätte sicher auch ohne die Bibel auf diplomatischem Weg ausgehandelt werden

können. Entscheidend war vielmehr die geistliche Erfahrung, von den biblischen Wurzeln her zu denken und zu handeln.

Anregungen:

- Als Einstieg für in Bibelarbeit ungeübte Pfarrgemeinderäte könnte folgendes Vorgehen dienen: Auf dem Tisch oder auf dem Boden sind Kärtchen mit Bibelversen ausgelegt (ca. fünfmal so viele Kärtchen wie Teilnehmende, wobei ein Bibelvers auch mehrfach vorhanden sein kann). Besonders gut eignen sich Psalmverse (z. B. Ps 18,37: *„Du schaffst meinen Schritten weiten Raum, meine Knöchel wanken nicht."*) Jedes Pfarrgemeinderatsmitglied ist eingeladen, das Kärtchen an sich zu nehmen, dessen Vers ihn bzw. sie am meisten anspricht. Anschließend trägt jeder seinen Satz vor und sagt dazu, warum er ihn ausgewählt hat.
- Das „Geistliche Wort" zu Beginn der Sitzung kann bewusst die Bibel in den Mittelpunkt rücken. Dazu sollte auch symbolisch ausdrucksvoll die Bibel feierlich in die Mitte oder an die Stirnseite des Raumes gebracht werden, evtl. auch von Kerzen flankiert oder als kleiner liturgischer Akt inszeniert, der zum Ausdruck bringt, dass in dieser Runde das Wort Gottes eine zentrale Rolle spielen soll.
- Das „Geistliche Wort" kann so gestaltet werden, dass bei jeder Sitzung ein anderes Mitglied dafür verantwortlich ist. Die Vorgabe ist ganz einfach: Das Pfarrgemeinderatsmitglied soll eine Bibelstelle, die ihm persönlich etwas bedeutet, aussuchen und vortragen. Danach kann zusätzlich in ein paar Worten mitgeteilt werden: Warum habe ich gerade diese Stelle ausgesucht? Was bedeutet sie für mich? Warum spricht sie mich besonders an?
- Fragestellungen und Themen, mit denen sich der PGR befasst, können immer wieder in Beziehung gesetzt werden zu den biblischen Wurzeln. Dazu wird vereinbart, einen Einschnitt in der Tagesordnung zu machen, um einen „Blickwechsel" vorzunehmen, das heißt, die Frage, um die es geht, aus der Sicht des Evangeliums zu besprechen. Wenn anschließend zur ursprünglichen Tagesordnung zurückgekehrt wird, kann eine kurze Austauschrunde erfolgen: Was ist mir klar geworden? Wie hat sich meine Sichtweise durch die biblische Perspektive verändert?

Es ist hier nicht der Ort, weitere Anregungen zur Bibelarbeit zu geben. Dafür gibt es genug gutes Arbeitsmaterial. Wichtig ist, einen deutlichen biblischen Akzent zu setzen. Denn nur wenn wir uns auf unsere Wurzeln besinnen, hängt unsere Arbeit nicht in der Luft. Gott selbst begegnet uns in seinem Wort. Deshalb gilt: „Das ist kein leeres Wort, das ohne Bedeutung für euch wäre, sondern es ist euer Leben" (Dtn 32,47a).

Abkürzungsverzeichnis der zitierten Dokumente

AA Apostolicam actuositatem. Dekret über das Laienapostolat vom 18. November 1965.

CD Christus Dominus. Dekret über die Hirtenaufgabe der Bischöfe in der Kirche vom 28. Oktober 1965.

EN Evangelii nuntiandi, Apostolisches Schreiben Papst Paul VI., über die Evangelisierung in der Welt von heute

GS Gaudium et spes. Pastorale Konstitution über die Kirche in der Welt von heute vom 7. Dezember 1965.

LG Lumen gentium. Dogmatische Konstitution über die Kirche vom 21. November 1964.